Jeck auf Köln

Karnevalsanekdoten

Hans Becker · Stefan Volberg

Jeck auf Köln

Karnevalsanekdoten

Mit Zeichnungen von
Heribert Schulmeyer

Wienand Verlag Köln

Die Deutsche Bibliothek - CIP-Einheitsaufnahme

Becker, Hans:
Jeck auf Köln. Kölner Karnevals-Anekdoten /
Hans Becker/Stefan Volberg. Mit Zeichn. von Heribert
Schulmeyer. - Köln : Wienand, 1995
ISBN 3-87909-447-0

NE: Volberg, Stefan:; Schulmeyer, Heribert [Ill.]

Redaktion: Susanne Oevermann
Illustrationen: Heribert Schulmeyer
Gestaltung: Großmann Agentur, Erftstadt
Gesamtherstellung: Druck- und Verlagshaus Wienand, Köln

Inhalt

Vorwort

Der Karneval ist eine ernste Sache, so hört man oft. Da ist auch etwas Wahres dran: Ohne ernsthafte Vorbereitung kann kein Fest gelingen, schon gar nicht Europas größtes Volksfest, der Karneval in Köln.

Trotzdem – oder gerade deswegen – läßt der kölsche Fastelovend viel Raum zum Lachen. Sei es, weil trotz aller Perfektion etwas wunderbar danebengeht, sei es, weil ein Mißverständnis zu Verwicklungen führt oder ein fröhlicher Streich für Zwischenfälle sorgt, sei es, weil im Überschwang der Freude das Überraschende geboren wird, das, was man auch Wochen danach noch weitererzählt: »Weißt du noch ...?«

So entstehen Anekdoten.

Unsere Erinnerung pflegt sich im Laufe der Jahre zu vergolden. Auf diese Weise können sogar Streit und Ärger, die es natürlich auch im Karneval gibt, im nachhinein ein Grund zum Schmunzeln, ja komische Lehrstücke über das menschliche Verhalten werden.

Im übrigen spielt sich der Fasteleer nicht nur in den Festsälen ab, sondern auch auf der Straße, in der Schule und im Betrieb, in der Kneipe und auf der Party daheim. Der Facettenreichtum dieses Volksfestes ist ja gerade seine Stärke; kein Wunder, daß sich diese Vielfalt auch in den komischen Krätzchen widerspiegelt, die man sich en Kölle gern immer wieder gegenseitig erzählt.

Selbst beim Begräbnis pflegen die Hinterbliebenen und Freunde sich der Verstorbenen mitunter in Anekdoten zu erinnern. Dies ist nicht als Respektlosigkeit mißzuverstehen; es ist vielmehr aktive Trauerarbeit und positive Lebenseinstellung: Lieber sich in Freuden erinnern als sich in Trauer verlieren.

Daß Hans Becker, Jungfrau des Jahres 1968 und mehr als ein Vierteljahrhundert lang Präsident der Prinzen-Garde Köln, aus allen Lebensbereichen rund um den Karneval einen reichen Anekdotenschatz erworben hat, ist denen gut geläufig, die schon einmal mit ihm in lockerer Atmosphäre zusammengesessen haben. Er weiß die drolligsten Begebenheiten aus dem Stegreif und in unnachahmlicher Manier wiederzugeben.

Wie schön, daß es sie nun endlich auch zum Nachlesen gibt!

Präsident des Festkomittees
des Kölner Karnevals von 1823

En der Session

Der Karneval in Köln brachte und bringt immer wieder originelle Typen hervor. Einer von ihnen war der langjährige Korps-Spieß der Prinzen-Garde und spätere Altstädter-Präsident Fritz Figge. Beruflich war er, wie er selbst immer sagte, bei der »Registratur A–Z der Stadtsparkasse«. So ein Korps-Spieß hat eine Menge zu tun: Er muß etwa die Aufzüge organisieren oder die Finanzdinge regeln; da kommt einige Arbeit zusammen, wenn man bedenkt, daß die Prinzen-Garde rund achtzig Aufzüge in der Session hat. Dieser Fritz Figge nun steckte immer voller Ideen.

So fuhr er zum Beispiel immer so ein motorisiertes Dreirad, eine Isetta, bei der man vorne die Tür aufklappte, ein kleines, enges Ding. Figge und seine Isetta waren ohnehin schon ein Thema für sich. Er pflegte mit dieser »Knutschkugel« aber unter anderem auch das vollständige Elferratsgestühl der Altstädter aus dem

Gürzenich zu transportieren: Wenn wir als Prinzen-Garde donnerstags »Fest in Weiß-Rot« hatten, fuhr Figge mittwochs mit der Isetta vor, klappte das Dach weg und lud das Gestühl hinten auf, das natürlich weit über das normale Maß über den Fond hinausragte. So rollte er durch die Stadt und brachte die Sachen mit seiner Isetta nach Hause, oder wo auch immer die Altstädter das aufbewahrten.

Die Prinzen-Garde läßt, wie andere Gesellschaften auch, ihre Uniformen immer von ganz bestimmten Uniformschneidereien anfertigen, die zum Teil weit außerhalb von Köln liegen. Es handelt sich dabei wirklich um eine Arbeit für Fachleute, denn zum einen müssen die Uniformen natürlich exakt sitzen, zum anderen müssen sie aber auch genau so aussehen, wie man es von der Prinzen-Garde Köln gewohnt ist.

Eines Tages meldete sich eine neue Firma, die in Sachen Uniformschneiderei mit uns ins Geschäft kommen wollte, und fragte: »Habt Ihr nicht die eine oder andere Uniform zu machen?« Diese Firma saß ganz in der Nähe, in Weidenpesch, was für uns ja sehr praktisch war. Reservekorpsführer Herbert Wienand war gerade zum Generalmajor befördert worden und brauchte daher eine neue Uniform, und Leander Weimer, Chef des Corps à la Suite, mußte sich ebenfalls neu einkleiden. Beide vertrauten sich der neuen Firma an und gaben bei ihr die Uniformen in Auftrag.

Die erste, die fertig wurde, war die von Weimer. Er fuhr also nach Weidenpesch. Kaum war er in dem Laden, da holte der Mann dat Dinge auch schon aus dem Regal. Aber wie sah das aus! Schneeweiß – der Weiße Riese war grau dagegen! Das hatte mit dem Prinzen-Garde-Weiß, das ja eher beige ist, nichts zu tun; außerdem war dat Wöbche nicht gefüttert und deshalb regelrecht durchsichtig. Die Hose hatte einen breiten Bund wie bei einem spanischen Torero, die Botz ging bis knapp unter die Brustwarzen – eine Phantasieuniform, die man vielleicht im Zirkus hätte tragen können. Sie sah furchtbar aus – mit ihr hätte der Weimer eher Chefarzt im OP als ein Prinzen-Gardist sein können.

Er sagte darum auch zu dem Schneider: »Die nehme ich Ihnen nicht ab. Ich hab Ihnen ein Stoffmuster gegeben, das wollten Sie nicht haben. Wenn das das Ergebnis ist: Schluß, aus, Wiedersehen!«

Dä Weimer stund also ohne Uniform do.

Vierzehn Tage später sollte Herbert Wienand seine Uniform abholen. Er hat Konfektionsgröße 52, was auch so abgemessen worden war. Doch der Schneider kam mit einem Monstrum an Uniform – unglaublich! Wienand zog es, Böses ahnend, trotzdem einmal an: Die seitlichen Schöße gingen bis auf die Erde, die Stulpen der Manschetten fingen da an, wo seine Fingerspitzen sind, und der Auslaß für den Degen war auf der rechten statt auf der linken Seite. Aber immerhin: die Farbe stimmte.

»Sie hatten doch von ›langem Arm‹ gesprochen, oder?«

Der bereits erwähnte Fritz Figge war ein begabter Rhetoriker, und respektlos konnte er auch sein. Manchmal streute er Dinge in die Sitzung ein wie die folgende Frage: »Ist jemand vom Autohaus Jordan da?« Wenn der Chef dieser Firma dann aufstand und sich meldete, rief ihm Figge zu: »Jut, dann können Se nach der Sitzung mal bei mir vorbeikommen und mir den Wagen waschen.«

Von Jean Küster, Chef und Mitgründer der Lyskircher Junge, habe ich sehr viel gelernt. Er war zwar kein blendender Redner, aber er war ein guter Organisator und im übrigen ein sehr netter Kerl, über den man freilich auch gelegentlich schmunzeln mußte.

Wenn der Jean Küster am Neujahrstag die erste Sitzung hatte, die sogenannte »Männer-von-Köln-Sitzung«, dann stund däm sing Dochter Bebbi em Sartory als sein zweites Gedächtnis hinger dem Vörhang (Dekoration gab es ja damals noch nicht) un dät däm Ahl alles zoflöstere. Nur: Dä kunnt dat nie verstonn – und machte darum häufig völlig falsche Programmansagen.

Das berühmte »Loch im Programm« kann einen als Sitzungspräsident ganz schön ins Schwitzen bringen. Heute haben die Literaten ja fast alle ein Funktelefon; die telefonieren in den Sälen herum, rufen bei den Künstlern im Auto oder sonstwo an – das ist schon alles sehr hilfreich. Zu der Zeit, als Heinz Stolte bei mir Literat war, gab es das jedoch nicht. Wenn da ein Loch im Programm war, stand der im Gürzenich draußen gemütlich an der Theke, und ich mußte im Saal quatschen, quatschen, quatschen. Er kam dann gelegentlich an die Saaltür, machte mit Zeigefinger und Daumen ein Zeichen wie ein »O«, und das hieß: »Mer han noch immer e Loch.«

Die Leute im Saal haben das aber immer ganz anders gedeutet. Die dachten, der zeigt: »Alles okay.«

Dank moderner Kommunikationstechnik gibt es heute, wie gesagt, auf den Sitzungen kaum noch ein »Loch« im Programm – und wenn doch, dann sollte ein geschickter Präsident immer noch etwas in petto haben, um die Lücke zu überspielen: Ehrungen, ein Potpourri oder sonstige Einlagen. Manchmal allerdings stürzt trotzdem alles zusammen, etwa wenn plötzlich heftige Schneefälle einsetzen und die Künstler steckenbleiben oder sonst alles so heillos daneben geht, daß nichts mehr zu retten ist. So wie einst bei den »3 Colonias«.

Die waren für einen Auftritt in Weisweiler gebucht. Es war spät, es war dunkel, und die Fahrt war lang. Während der Chauffeur den Wagen zum Ziel lenkte, verbrachte das Trio die Zeit mit Dösen oder Lesen. Schließlich guckte Dieter Steudter müde aus dem Fenster und fragte: »Wo sind wir denn hier?« – »Wir sind gleich da«, antwortete der Fahrer und fügte zum Entsetzen des Trios noch hinzu: »Wir sind schon kurz vor Weilerswist!«

Bei dieser Verwechslung war natürlich nichts mehr zu reparieren. Per Autotelefon haben die »3 Colonias« den Termin abgesagt.

Ein anderes Mal waren die »3 Colonias« mit ihrem Auftritt im Sartory fertig und stiegen gemütlich ins Auto, denn vor ihrem nächsten Termin in Flittard hatten sie noch jede Menge Zeit. Ausgiebig wurde in einem Lokal gespeist, viel erzählt, geflachst und geduldig gewartet. Erst als sie schließlich in Flittard waren, fiel den dreien auf, daß sie ihren für die Zwischenzeit gebuchten Auftritt in der Kölner Messe völlig verschwitzt hatten.

Einen dritten »Aussetzer« hatten die »3 Colonias« in Bonn-Beuel. Sie waren gut in der Zeit, und eigentlich konnte nichts schiefgehen. Als sie an dem Parkplatz vor dem Festsaal eintrafen, stiegen alle aus, und Dieter Steudter marschierte nach hinten zum Wagen, um das Gepäck herauszunehmen. Er beugte sich über den geöffneten Kofferraum – und dann wurde es ihm schwarz vor Augen: Der Fahrer hatte die Requisiten für die Bühne bereits aus dem Auto geholt und knallte im unglücklichsten Moment den Kofferraumdeckel zu.

Statt auf die Bühne kam der Boß der »3 Colonias« an diesem Abend ins Krankenhaus.

Auch andere Kollegen verpassen gelegentlich ihren Auftritt. Eines Nachmittags spielte Kapellmeister Matthes Dick mit seinen Kollegen bei einer Ehrengarde-Sitzung. Was ihm völlig durchgegangen war: Für den Abend hatte er noch einen Vertrag für die Sitzung vom Bund Deutscher Baumeister (BDB), für die ebenfalls die Ehrengarde den Elferrat stellte. So hatte er die Ehrengarde für diesen Tag »abgehakt« und ging zu einer weiteren Nachmittagssitzung, auf der er ebenfalls noch spielen sollte. Die abendliche BDB-Sitzung begann – doch ohne Kapelle. Anfangs behalf man sich mit Musikinstrumenten aus der Küche: Auf Töpfe und Deckel wurde mit Schneebesen und Kochlöffeln geschlagen. Gleichzeitig telefonierte man hinter den Kulissen Matthes Dick hinterher.

Man erreichte schließlich seine Frau, die zufällig wußte, bei welcher Veranstaltung ihr Mann zu finden war. Dort blies Dick gerade zum Finale, als ihm vom Saaleingang mit heftigen Gesten signalisiert wurde: Kumm! Im Eiltempo packte Matthes Dick daraufhin seine Trompete und wurde gleich anschließend von der Polizei mit Blaulicht zum Gürzenich eskortiert. Hier trommelte er seine Band zusammen, und innerhalb der nächsten zwanzig Minuten war die Kapelle komplett.

»Haste Töne – die Kapelle ist auch schon da!«

Das Publikum war begeistert, und jeder Musiker, der auf der Bühne eintraf, wurde mit Sonderapplaus begrüßt.

Der Schriftführer in unserem Reservekorps, Lothar Schön, hat Herbert Wienand einmal als prächtigen Sitzungsleiter in Rösrath erlebt: Schön organisiert seit Jahren für den Ortsverein von Rondorf eine sogenante »Blaue-Montags-Sitzung«. Deren Sitzungsleiter hatte 1994 aufgehört; so sprach Schön den Herbert Wienand an: »Künns do dann nit bei uns am 19. Janewar en der Sitzung dr Präsident maache? Dat Lokal es eng, ävver do jonn dreihundert Lück eren, die sitzen sich all om Schuß, ene Dampkessel wie dr ›Whisky-Bill‹ en Forsbach, Do kannste denne Lück en dr ehschte Reih de Hand jevve, dat mät Spaß!« Wienand sagte zu.

Kurz vor dem Termin bekam er eine widerliche Grippe – ohne Husten und Schnupfen, dafür aber mit kräftigem Fieber und furchtbaren Schweißausbrüchen. Er fühlte sich hundeelend, wollte aber die Sitzung auch nicht absagen (was auch gar nicht so einfach gewesen wäre, denn so gut wie nie wird für eine Sitzung ein Ersatzpräsident verpflichtet). Um noch auszukurieren, was auszukurieren war, nahm Wienand am Nachmittag zwei Aspirin, trank ene Tee für ze schweißte und legte sich, wunderbar schläfrig, ins Bett.

Da ging auf einmal das Telefon. Am anderen Ende der Leitung war Lothar Schön, der, kaum daß Wienand sich gemeldet hatte, entsetzt ausrief: »Wat häs do dann für en Stemm?« – »Och, ich han mich en et Bett jelat, ich muß mich ens e paar Dag uskureere, domet ich widder fit wäde für ding Sitzung.« – »Wie«, sät dä Schön, »en et Bett jelat? Dat jeit doch nit: Mer han doch en drei Stund Sitzung!« Darauf Wienand: »Dat es doch ehsch am nöchste Mondag.« – »Nä, nä, dat es hück.«

Dä Wienand sprung us dem Bett un unger die Braus. Wat wor et im schläch! Ävver wat sin muß, muß sin. Er zog sich an und machte sich auf den Weg. Zwei Minuten später schon lief ihm das Wasser wieder in Strömen den Rücken runter, und er sah vollkommen elend aus.

Trotzdem lief die Sitzung so prächtig, daß er gleich fürs nächste Jahr zur Sitzungsleitung verpflichtet wurde. So sehr steht das manchmal auf des Messers Schneide: Was wäre aus der Sitzung geworden, hätte Lothar Schön nicht per Zufall drei Stunden vorher angerufen?

Eine ganz eigene Type im Kölner Karneval ist Karl Schmitz-Grön, der anno 1995 seinen 99. Geburtstag feiern konnte und immer stolz betont: »Ich bin ja noch vom vorigen Jahrhundert!«

Eigentlich heißt er ja Karl Schmitz, aber sein Vater Jean Schmitz, der auch immerhin fünfzig Jahre lang als Karnevalist auf der Bühne stand, wurde wegen seines auffallend gelben Teints Schmitz-Jäl genannt, und sein Sohn – der ja gegen den Vater noch grün hinter den Ohren war – war eben der Schmitz-Grön.

Er war 62 Jahre lang aktiver Karnevalist. Dabei war er nicht nur für seine köstlichen Typenreden, etwa als »Pantoffelheld«, bekannt, sondern auch und fast noch mehr für seine Schlagfertigkeit. Niemand traute sich, während seines Vortrags aufzustehen und aus dem Saal zu gehen, denn gleich hätte er von Schmitz-Grön »en Knallzijar« gekriegt und wäre angepflaumt worden.

Bei einem Spaziergang durch den Kölner Zoo kam ihm eine Idee: Wie wär's, wenn er mal als Zoowärter en de Bütt ging? Umgehend marschierte er zum Büro des Direktors: »Sie kennen mich vielleicht, ich bin der Schmitz-Grön ...« Ob er vielleicht leihweise eine originale Wärteruniform haben könnte? »Klar«, sagte der Direktor, »aber wat halten Se davon, wenn Sie quasi als Reklame für den Zoo noch ein Äffchen auf dem Arm trügen?«

Das fand der Grön prima und zog mit Uniform und Rhesusäffchen von dannen.

Seine Premiere als »kölscher Zoowärter« hatte er beim Kalker Männer-Gesang-Verein. Er setzte sich die Aap op de Scholder – e lecker Dierche wor dat –, jing en die Bütt, und dann spielte die Kapelle zum Auftakt einen lauten Tusch! Der Affe erschrak fürchterlich, und in Null komma nichts hatte er dem armen Grön den ganzen Rücken vollgesch... – et wood im richtig wärm! Doch Schmitz-Grön reagierte blitzschnell und sagte: »Die Aap hät mir jrad dr ehschte Orden verliehnt!«

Das war nicht das einzige Mißgeschick des »Zoowärters«. Bei einer anderen Sitzung hatten die Veranstalter die Bütt herrlich dekoriert und als Weinpokal gestaltet: Dat janze Dinge wor met Druve bekränz, mit kleinen Träubchen aus farbigem Glas. Diesmal gab es keinen Ärger durch den Tusch, und Schmitz-Grön konnte mit seiner Rede anfangen.

Dem Äffchen wurde das aber schnell langweilig; da schnappte es sich ein Träubchen und steckte es in seinen Mund. Aber es schmeckte ihm wohl nicht; da nahm er es wieder aus dem Mund und pfefferte es in den Saal und gleich hinterher das zweite und das dritte. Je mehr die Leute vor Vergnügen schrien, desto mehr Gefallen fand das Äffchen daran. Und so riß die Aap, während der Grön seine Rede hielt, sämtliche Trauben ab und feuerte sie ins Publikum.

Pech mit einem Affen hatte auch Peter Schuhmacher, der langjährige Leiter des Rosenmontagszuges, der in einem Jahr eine großartige Rede auf Lager hatte, mit der er auf Karnevalssitzungen in die Bütt ging. Mit ihr kam er auch auf die Herrensitzung der Prinzen-Garde. Bei sich hatte er die berühmteste Kölner Aap, den Affen »Petermann«, der viele öffentliche Auftritte hatte und Jahre später im Zoo erschossen werden mußte, nachdem er ausgebrochen war und den Zoodirektor Professor Gunther Nogge angefallen und schwer verletzt hatte.

Petermann, ein Schimpanse, bekam eine Prinzen-Garde-Uniform an, eine Mütze dazu, und Schuhmacher selbst erschien als Zoo-Direktor. Den Affen hatte er vorn auf der Bütt sitzen. Op unser Sitzung moht op eimol die Aap! Und so hat sich der Petermann, während Schuhmacher die Rede hielt, erleichtert: Von der Bütt aus pinkelte er im hohen Bogen in die ersten Reihen der Häresitzung der Prinzen-Garde.

Erfunden ist der Inhalt der folgenden Anekdote; wahr ist aber, daß ein Büttenredner sie einst unter dem Jubel der Sitzungsbesucher verzallt hät. Es geht darin um den legendären Fritz Maaß, der vier Jahre lang Präsident der Prinzen-Garde und anschließend Präsident der Großen Kölner war.

Er war eine stadtbekannte Erscheinung, wie es sie heute praktisch überhaupt nicht mehr gibt. Wie schon bei Albrecht Bodde, so sagten die Leute auch bei Fritz Maaß nicht: »Wir gehen auf die Sitzung zur Großen Kölner«, sondern: »Mer jon bei dr Maaß.« Wenn der mit seinem großen schwarzen Hut auf die Straße ging, im Kamelhaarmantel, mit dunkler Hose und weißen Gamaschen, war ganz Köln begeistert. Und wenn er unterwegs jemandem zunickte, erzählte das derjenige daheim als allerserstes und ganz stolz weiter: »Ich ben vum Fritz Maaß begröß wode.«

Maaß besaß – das muß man vorab wissen – ein richtig rundes Vollmondgesicht und eine eindrucksvolle Pläät.

Seine Frau Cissy Maaß, so unser Büttenredner, sei eines Tages außer Haus gewesen, just, als die neue »Perle« ihren Dienst in der Wohnung der Familie in der Mohrenstraße 14 antrat. Diese brachte das Haus in Ordnung und fing damit oben im Schlafzimmer an. Als sie fertig war, fragte sie: »Herr Maaß, wat jetz?« – »Jetz putzen Se mal das Bad.« Sie tat es und fragte bald darauf: »Und nun?« – »Gehen Se runter und machen de Köch.« Das Mädchen tat auch dies.

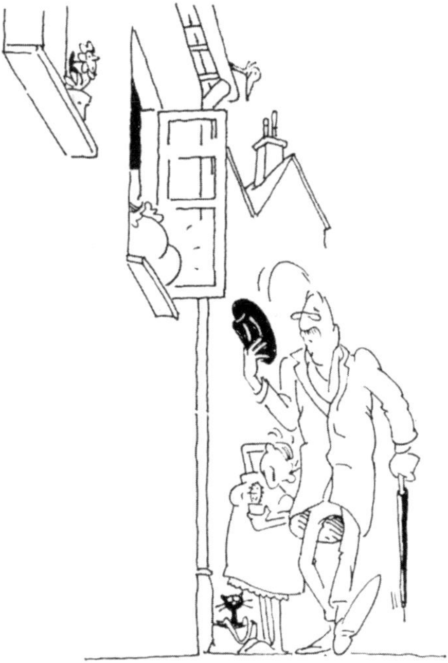

»Guten Tag, Herr Maaß ...«

Schon bald ging sie dem Hausherrn aber erneut auf die Nerven: »Herr Maaß, wat soll ich denn jetz machen?« Da platzte Fritz Maaß der Kragen: »Vun mir aus hängen Se dr bläcke Aasch am Finster erus!« Das Mädchen tat es. Und die Passanten auf der Mohrenstraße zogen den Hut und grüßten freundlich: »Guten Tag, Herr Maaß.«

Präsident Fritz Maaß gelang es, in seinem Elferrat stets eine sehr honorige Riege von stadtbekannten Kölner Persönlichkeiten zu versammeln. Einer von ihnen war Fritz Amtenbrink, Inhaber der bedeutendsten Losverkaufsstelle in ganz Köln. Er führte Lose von allen Lotterien, die es in Europa gab. Sein Geschäft befand sich auf der Schildergasse, dort, wo heute »Holstein & Düren« steht.

Fritz Amtenbrink trug mit Vorliebe – sogar, wenn er im Elferrat saß – »Sansculottes«, also kurze Hosen, die einen weitgehend freien Blick auf seine Beine zuließen. Er hatte aber auch wirklich schöne Beine, die er in Seidenhosen sehr wirkungsvoll darzustellen wußte.

Präsident Fritz Maaß nutzte das regelmäßig für eine kleine Programmeinlage aus. Auf jeder, aber auch wirklich jeder Sitzung konnte man sicher sein, daß er Amtenbrink nach vorn auf die Bühne holte, wo er mit einem geistreichen Witzchen auf dessen schöne Beine anspielte.

Auf der ersten Sitzung, die Heinz-Helmut Simon 1961 als neuer Präsident der Großen Kölner im kleinen Sartory leitete, trug er als einziges Mitglied des Elferrats einen kleinen Spitzbart. Er trat damit auf, versprach aber gleich zu Anfang: »Den Bart lasse ich mir für die zweite Hälfte abrasieren.«

Er hielt Wort und ließ sich von Friseurmeister Charly Schinzel barbieren, der selbst im Elferrat saß. Als er jedoch nach der Pause wieder Einzug auf der Bühne hielt, brach das Publikum in Riesengelächter aus – hatte doch Charly Schinzel heimlich für die anderen zehn Herren im Elferrat genau solche Spitzbärte anfertigen lassen, wie er ihn Heinz-Helmut Simon gerade eben in der Pause abrasiert hatte!

Auf einer Prunksitzung der Großen Kölner hatte, wie das bis in die sechziger Jahre hinein noch so üblich war, auch ein Tenor zum Programmgeschehen beigetragen. In diesem Fall war es ein spanischer Sänger, der die Sitzungsbesucher mit seiner Sangeskunst erfreute. Zum Dank reichte ihm Präsident Simon einen silbernen Pokal zum Ehrentrunk. Der Tenor verstand diese Geste jedoch falsch: Er trank, klemmte sich den Pokal unter den Arm und verschwand freudestrahlend von der Bühne. Die Große Kölner bekam ihren Silberschatz später allerdings wieder.

Ebenfalls in den sechziger Jahren hatten die »Lingen-Brothers« einen Auftritt bei einer Herrensitzung in der Börse; im FC-Dress wollten sie ein Lied singen. Einer der elf Herren fiel jedoch plötzlich aus; darum sprach man Heinz Eich an: »Kannst Du nicht einspringen?« – »Aber ich kann doch die Texte gar nicht!« – »Och, dat maache mer schon.«

Und tatsächlich brachte die Gruppe ein Schild mit auf die Bühne, auf dessen Vorderseite »FC wird Meister« oder etwas Ähnliches stand und auf dessen Rückseite in großen Buchstaben der Liedertext aufgeschrieben war. Doch das nutzte dem armen Eich leider nichts. Denn der Schilderträger schwenkte in seiner Begeisterung das Schild derart wild im Takt, daß der Text unmöglich zu entziffern war. So mußte Heinz Eich diesmal sprachlos bleiben.

Eine Familie namens Schilling hat der Großen Kölner über mindestens vier Generationen die Vereinsdiener beschert. Unvergessen ist das Bonmot von Fritz Maaß auf einer Neujahrssitzung, als er den guten Kassenstand der Gesellschaft wie folgt umschrieb: »Wir haben dreihundert Pfund in der Kasse« (gemeint war der außerordentlich korpulente Schatzmeister Tony Oster, Weingroßhändler und ein Gemütsmensch), »außerdem zwei Schilling« (aus der Familie Schilling) »und vier Pence« (Pänz).

Herbert Wienand ist seit zehn Jahren Präsident der Forsbacher Narren-Zunft und leitet auch deren Sitzung. Um die Aula bei diesen Veranstaltungen immer schön voll zu haben, lädt er stets auch Freunde aus der Prinzen-Garde ein, die häufig dann gleich mit vierzig oder fünfzig Mann in Damenbegleitung und in Uniform erscheinen.

Einmal hatten die Forsbacher wieder ein tolles Programm verpflichtet, wirklich erste Sahne, mit dem damals noch existierenden Colonia-Duett und allem anderen, was Rang und Namen hat im Kölner Fasteleer. Als Schlußnummer kamen die Blauen Funken, die in riesiger Zahl erschienen und die Bühne bis zum letzten Zentimeter füllten – toll.

Mitten in der Veranstaltung stürmte jedoch plötzlich – Gott sei Dank mit offenem Mantel, so daß man noch ein bißchen von der Prinzen-Garde-Litewka sehen und die Aktion für geplant halten konnte – ein Mann die Bühne herauf, der den Auftritt der Blauen Funken in barschem Ton unterbrach: »Herr Präsident, Moment!« Und dann fragte er die Blauen Funken: »Ich möch jän wesse, wo Ühre Busfahrer es. Ich kumme nit erus met mingem Wage, un dä Fahrer es nirjends zo sin! Dat sage ich üch: Wenn dä Bus nit tireck op Sick fährt, maht Ehr he nit wigger!«

Die Lück em Saal han jebröllt vör Laache; sie meinten, der Zwischenfall gehöre zum Programm. Indessen hatten sich schon ein paar Mitglieder von den Blauen Funken drohend vor dem Mann aufgebaut, der seinerseits deutlich zu erkennen gab, daß er sich nicht anfassen lassen würde.

Da trat Präsident Wienand in Aktion: »Lieber Freund, ich habe Verständnis dafür, daß du hier dringend weg mußt, du mußt unbedingt zur Arbeit« – er sagte das, obwohl er wußte, daß der Mann etliche Millionen besaß und natürlich keineswegs zu arbeiten brauchte. »Ich habe gerade einen Anruf meines Literaten bekommen: Der Bus ist soeben auf Seite gefahren worden, do kannst jetrus op dr Parkplatz jon un ensteije.«

Hinter den Kulissen wurde der Gardist dann für die nächsten Minuten mit allen Mitteln abgelenkt, bis der Busfahrer endlich auftauchte. Schließlich hatte der Elferrat schwerste Sorge, daß der Störenfried – im übrigen ein lieber Freund aus der Prinzen-Garde – noch einmal, und dann aber richtig empört, auf der Bühne erscheinen würde.

Einer der letzten echten »Krätzchenssänger« im Kölner Karneval ist Ludwig Sebus, der bereits seit 1953 bei Sitzungen auftritt. (»Krätzchen« nennt man eine besondere Liedform, in der eine kleine lustige Begebenheit erzählt wird, die sich als roter Faden durch alle Strophen zieht. Nur wenn der Künstler Text und Melodie selbst geschrieben hat und das Lied auch selbst vorträgt, kann man von einem wirklichen »Krätzchen« sprechen.)

1985 war Sebus in Düren bei einer Mädchensitzung aufgetreten. Er bekam viel Applaus, durfte den Orden der Gesellschaft mitnehmen und bekam obendrein noch ein stattliches Paket überreicht, das mit einer großen Schleife zugebunden war. Ludwig Sebus bedankte sich artig und rätselte während der gesamten Heimfahrt: »Wat mag bloß en däm Paket sin?« Zu Hause packte er es aus. Der Inhalt: zwei gebrauchte Gummistiefel. Und ein kleines Briefchen: »Sehr geehrter Herr Sebus! Diese Gummistiefel«, schrieb darin die Sitzungsleiterin, »gehören Ihrer Kollegin Marie-Luise Nikuta, die sie bei uns vergessen hat. Wir wären Ihnen dankbar, wenn Sie sie ihr zustellen könnten.«

»Ohne e jot Kölsch jeiht en Kölle nix.« Das wissen auch die Musiker aus der Colonia Big Band. Für eine Sitzung hatten sie sich eigens ein Schild anfertigen lassen, mit dem sie die Kellner auf das aufmerksam machten, was den Musikern noch fehlte: »No Kölsch, no music.«

»Weltenbummler« Gerd Rück ist immer für überraschende Einlagen auf einer Sitzung gut. »Mach ens Platz he«, forderte er beispielsweise den Präsidenten Heinz Schmitz einst auf, als bei einer Milieusitzung der Kölschen Grielächer im Maritim das Mikrofon in der Bütt streikte. Kurzerhand trug Rück seine Rede vom Präsidentensessel aus vor.

»Häs do jot jemaht, Jung«, lobte er sich anschließend selbst in der sonoren Stimmlage des Grielächer-Chefs, griff sich einen Orden vom Stapel und verschwand von der Bühne.

Was Karl Schmitz-Grön so meisterlich beherrschte – spontan auf kleine Zwischenfälle zu reagieren –, liegt auch anderen im Blut: Bei einem Auftritt der »3 Colonias« kam eine Dame mit deutlicher Verspätung in den Sitzungssaal. »Colonias-Chef« Dieter Steudter reagierte sofort: »Entschuldigung, daß wir schon angefangen haben.« Und er mutmaßte gleich, daß die Verspätung glatte Absicht war: »Jetzt hat wenigstens jeder Ihr Kleid gesehen.« Und als sie an der Bühne vorbeigegangen war, setzte Steudters Kollege Oliver Hoff wegen des rückenfreien Schnitts des Kleides noch eins drauf: »Ich glaube aber, Sie haben es verkehrt herum angezogen.«

Kleine Neckereien auf der Bühne sind im Kölner Karneval sehr beliebt. So mußte Burk Mertens als Sitzungsleiter bei einer Damensitzung der Fidelen Zunftbrüder einmal gleich zu Beginn feststellen, daß seine Pritsche verschwunden war – dä, fott! Beim Aufmarsch der Nippeser Bürgerwehr hatte Präsident Manfred Wolff das Gewimmel von mehr als hundert »Appelsine-Funke« auf der Bühne genutzt, um das kostbare Stück einzusacken. Als Ablösesumme wurde ein Fünfzig-Liter-Faß Kölsch fällig.

»Die hat das Kleid ja falsch herum an!«

Der Schabernack auf der Bühne spielt sich oft vor aller Augen im Saal ab, doch das Publikum merkt bei dem Trubel mitunter gar nichts davon. So erinnerte sich Rudi Schöll, der Baas vom Stammtisch Kölner Karnevalisten, bei einer Seniorensitzung in den städtischen Altersheimen Riehl an fröhliche Missetaten von Prinzenführer Helmut Urbach: »Früher hat der uns, wenn ich die Sitzung leitete, immer das Silberbesteck von der Bühne geklaut und erst draußen am Saalausgang wieder hinterlegt.« Schöll mußte aber auch zugeben, daß sich Scherzbold Urbach im Laufe der Jahre gebessert hat: »Heute trinkt er nämlich nur noch mein Bier.«

Kleine Ursache, große Wirkung: Bei einer Sitzung des Bundesbahnsozialwerks hatte Hilde Weiler, die Frau des Literaten Heinz Weiler, aus einem Hühnerhof in der Eifel 26 nestfrische Eier besorgt, gekocht und ein Keramikgefäß in Hühnerform randvoll damit bestückt. Das »Huhn« überreichte Sitzungsleiter Jupp Kürsch beim Aufzug des Dreigestirns an Prinzenführer Helmut Urbach. Der hatte, während das »Botterblömche« alias Hans Bols von der Bühnenrampe aus seine Rede hielt, nichts Besseres zu tun, als ein Ei nach dem anderen zu pellen. Mit dem hartgekochten Inhalt fütterte er die Prinzenequipe, das Dreigestirn, den Sitzungsleiter und jeden, der sonst noch nicht schnell genug den Mund zumachte. Da war, was selten passiert, das »Botterblömche« für das Publikum plötzlich zur Nebensache geworden ...

Auch die Jüngsten im Karneval sind ganz schön auf Draht. So hatte der Prinz von 1992, Arnold Dircks, zum Aufzug bei der Prunksitzung der Großen Kölner auch seinen damals zweieinhalbjährigen Sohn Tobias mitgebracht. Als besondere Ehrung wollte Präsident Heinz-Helmut Simon dem Kleinen dafür einen Orden überreichen. Tobias schaltete aber schnell: »Ich brauche drei Orden – ich hab' noch zwei Geschwister!« Simon rückte die zwei zusätzlichen Exemplare bei so viel Überzeugungskraft umgehend heraus.

Ähnlich fix wie Tobias zeigte sich Michael Bierther, der damals neunjährige Junior im Geschwister-Duo »2 kleine Ströpp«, bei einem Auftritt 1992 im Sartory. »Übernimm du mal die Ehrungen«, forderte ihn Kajuja-Präsident Matthias Klein auf. Der Steppke kletterte daraufhin ohne zu zögern auf den Präsidentenstuhl und ehrte zunächst seine Schwester Jutta mit dem Orden der Katholischen Jugend Kölns. Als er sich dann auch noch selbst einen Orden umhängen sollte, weigerte sich Michael allerdings und meinte zum Präsidenten: »Das kannst du doch machen – ist doch schließlich dein Job!«

Pflichtschuldig dekorierte Klein ihn daraufhin mit dem Orden und erkundigte sich: »Willst du meinen Job denn später mal haben?« Worauf der Kleine gelassen sagte: »Darüber läßt sich reden.«

»Un den brauch' ich für meine große Schwester!«

Den gewichtigsten Orden des Jahres 1992 gab sicherlich der Bund Deutscher Baumeister (BDB) heraus: Als 1991 wegen des Kriegs am Golf viele Veranstalter ihre Sitzungen absagten, fiel auch die BDB-Sitzung ins Wasser; die bereits gelieferten Orden wurden aber eingemottet. Im Jahr darauf kam, dem Sessionsmotto »Et kütt wie et kütt« gemäß, ein neuer Orden heraus. Auf die Rückseite aber klebten die Baumeister die Vorjahresausgabe. Auch Ehrengarde-Präsident Friedel Haumann, der die Sitzung seit vielen Jahren leitet, bekam ein Exemplar umgehängt; er fühlte sich damit auf eine Alm versetzt: »Mer jeit wie en Koh met däm Dinge.«

Die Kölnische KG von 1945 konnte 1995 ihr fünfzigjähriges Bestehen begehen. Sie feierte das Jubiläum ganz groß und stellte aus diesem Anlaß auch das Kölner Dreigestirn. Alles klappte wunderbar – bis auf die Lieferung der Herrenorden. Die damit beauftragte Bonner Ordensfirma schaffte es nicht, die Dinger rechtzeitig zu produzieren; sie lieferte lediglich ein – allerdings wohlgelungenes – Musterexemplar ab.

So etwas ist für eine Karnevalsgesellschaft natürlich eine Katastrophe: Es ist peinlich, wenn sie für sämtliche Ehrungen keine Orden zur Hand hat, und außerdem kommen keine Spenden für die Ausgabe von Orden herein, was für jede Karnevalsgesellschaft eine wichtige Einnahmequelle darstellt. Die Gesellschaft um den Präsidenten Wolfgang Vollmer hatte jedoch einen glänzenden Einfall, wie die Sache doch noch zu retten wäre. Man entsann sich, daß die Kölnische ja 1945 gegründet wurde, zu einer Zeit, als es nichts zu kaufen gab und man allenfalls etwas auf Bezugsschein bekam. So ließ die Gesellschaft ihren Musterorden fotografieren und das Bild in großer Auflage auf Pappe drucken. Hinten drauf wurde ein »Bezugsschein« für den künftigen echten Orden geklebt, das ganze Ding mit einer Kordel versehen und als vorläufiger Behelfsorden bis zum Eintreffen der Metallexemplare ausgegeben. Die Papporden fanden reißenden Absatz.

Erfinder der »Hausfrauennachmittage«, aus denen später die »Mädcher-« oder »Damensitzungen« hervorgingen, waren 1949 die Große KG Greesberger unter ihrem damaligen Präsidenten Herbert Limbach und die Kölnische Rundschau. Ihren ursprünglichen Namen haben diese Veranstaltungen bei den Greesbergern bis heute behalten.

Besonders witzig war 1992 die Einladung zum Besuch der Veranstaltung, bei der zahlreiche Hits aus dem Fastelovend »die Besucherinnen des Hausfrauennachmittags sicher wieder zum Kochen« bringen würden.

1992 war bei der Mädchensitzung der KG Schäl Sick von Anfang an der Teufel los: Die Damen standen praktisch während der ganzen Veranstaltung auf den Stühlen und tanzten und schunkelten begeistert mit. Die ausgelassene Stimmung hatte für die amtierende »Miß« der Gesellschaft, Inge Stevens, unschöne Folgen: Gleich zu Beginn bekam ihr Kleid einen Riß. Doch sie verstand Spaß. »Jetz paß et!« ulkte sie und feierte weiter.

Einer, bei dem man nie voraussehen kann, was ihm spontan auf der Bühne einfällt, ist Hans Süper, der zunächst als Temperamentsbolzen im Colonia-Duett mit Hans Zimmermann auftrat und seither im Süper-Duett mit Werner Keppel arbeitet. So stürmte er einmal mit seinem Partner Keppel bei einer Damensitzung der Großen Allgemeinen von 1900 auf die Bühne, ohne die Ansage von Präsident Georg Brecher abzuwarten. Die Mädchen im Saal erkannten ihn natürlich und waren begeistert. Hans Süper war es auch und bot gleich allen das »Du« an: »Ich bin der Hans. Und wie heißt ihr?«

Bei der Gala-Sitzung der Prinzen-Garde 1992 hatten wir die erste Garde an Büttenrednern komplett aufgeboten, auch das noch recht neu gegründete Süper-Duett war im Programm. Hans Süper kam mit Werner Keppel auf die Bühne des Maritim-Hotels und strahlte über alle vier Backen. »Daß Sie meinen Partner so herzlich aufgenommen haben, das ist nett«, bedankte er sich. Und fügte gleich frech hinzu: »Er kann ja nichts dafür, daß er so doof ist, ne?«

Unberechenbar ist auch »Weltenbummler« Gerd Rück. Mit dem kann auch ein erfahrener Sitzungspräsident immer wieder Überraschungen erleben. So erschien er einmal bei einer Prinzen-Garde-Sitzung und lieh sich von mir kurzerhand die Amtsvollmachten des Präsidenten aus: »Steh mal auf. Ich befördere – ja, hör ens, wozu kann ich dich dann überhaupt befördern?« Da mußte ich passen: »Dat weiß ich nicht!« Sagt der Rück enttäuscht: »Hast du denn schon alles erreicht? Nichts mehr zu erstreben?« Und als ich einigermaßen ratlos die Achseln zuckte, entschied er: »Jut, dann setz dich. Ich befördere dich hiermit zum Schängemännchen. Das hast du jetzt davon!«

Ein anderes Mal ließ Rück bei seinem Auftritt auf der großen Prunksitzung 1993 den Präsidenten der Bürgergesellschaft Köln von 1863, Heinz-Otto Schmitz-Pranghe, überhaupt nicht zu Wort kommen. Er ließ den Präsidenten seine fussije Pörk und die Schlägermütze anziehen, drückte ihm seinen bunten Schirm in die Hand und verpaßte ihm darüber hinaus Redeverbot. Lautlos die Lippen bewegen und die typische Weltenbummler-Gestik absolvieren, durfte der Präsident allerdings. Während er also mimte, hielt Gerd Rück seine Rede, die scheinbar aus Schmitz-Pranghes Mund kam. Nach dem letzten Tusch dekorierte Gerd Rück den Präsidenten für diese Leistung mit dessen eigenem Orden und sagte, bevor er verschwand, noch die Bläck Fööss an.

Auf seinen Arbeitsvertrag berief sich Gerd Rück 1993 bei der Herrensitzung der Bürgergarde »blau-gold«: »Ich bin Büttenredner, kein Standmän«, beschwerte er sich über die fehlende Bütt. Literat Klaus Freund wußte Rat und zauberte einen Waschzuber als »Behelfsbütt« herbei.

Ein anderes Mal bekam Rück eine eigene Bütt geschenkt, genauer gesagt eine »WBRB«. Präsident Heinz-Helmut Simon von der Großen Kölner überreichte ihm – für alle Fälle – eine fahrbare, kleine Waschbütt, eben eine »Weltenbummlerreisebütt«.

Das Publikum hat auch sonst seinen Spaß daran, wenn die auftretenden Künstler ein besonders originelles Geschenk bekommen. Einen altgedienten Karnevalisten wie Gerd Rück kann da inzwischen nichts mehr überraschen – sollte man jedenfalls meinen. Irrtum: Bei der Pfarrsitzung in St. Stephan hatte man sich etwas ganz Besonderes ausgedacht: In Rücks Büttenrede war nicht nur von »Lätschendätschs Tünn« die Rede, sondern auch von dem (genau so blödsinnigen) »Senkendeckels Hein«. Und so bekam er bei der Pfarrsitzung ein Abflußrohr geschenkt, das eine Senke mit beweglichem Deckel (samt Stadt-Köln-Motiv) darstellte. Zog man an dem Kördelchen, öffnete sich der Deckel, und »Senkendeckels Hein« entstieg dem Rohr.

Eimol Prinz zo sin

Wie ich Präsident der Prinzen-Garde geworden bin? 1968 stellte ich gemeinsam mit meinen beiden Freunden Dr. Claus Welcker und Horst Loosen das Kölner Dreigestirn; ich war die Jungfrau. Am Rosenmontag hatten wir das unsagbare Pech, daß der Wagen von Bauer und Jungfrau einen Achsbruch erlitt und liegenblieb. Das war ja an und für sich nicht schlimm, und es stand auch sofort ein Ersatzfahrzeug bereit, in das wir umgehend rüberwechseln sollten. Aber ich lasse mir nicht gern Vorschriften machen und entschied: »Nä, ich jon leever zo Foß.«

Uns begleitete im Zoch Christian Reuter mit seiner Kapelle. Wir haben ihm schön eingeheizt, ich habe seinen Dirigentenstab genommen und bin dann zweieinhalb Stunden mit der Kapelle der Prinzen-Garde im Zoch durch Köln gezogen – ein einziges Freudenfest.

(Der Wagen, den wir verlassen hatten, wurde indessen restlos ausgeräubert: Was wir an Bergen von Kamelle, Strüßcher und Pralinen aufgeladen hatten, war wirklich enorm – aber alles war nachher jekläut.)

Abends im Hotel Excelsior, damals die »Hofburg« des Dreigestirns, saß da Festkomitee-Präsident und Chef der Prinzen-Garde, Thomas Liessem, sah sich die Aufnahmen am Fernseher an un wor am Kriesche, am Weinen also. Wie ich erenkumme, es dä mir öm dr Hals jefalle un sät: »Do künns Präsident der Prinzen-Garde wäde.« Ich sage: »Wat es loß?« – »Wie du das gemacht hast: Ein anderer hätte Protest geschrien und nach einem anderen Wagen gerufen, und du gehst einfach zu Fuß ...« Damals war das erste Mal die Rede davon, daß ich Thomas Liessem als Präsident beerben könnte.

Endgültig perfekt gemacht wurde der Wechsel übrigens im Sommer 1969. Irgendwann erreichte mich der Anruf von Thomas Liessem: »Kumm doch ens erüvver. Ich han he fuffzehn Fläsche Johannisberger Spätlese, alles verschiedene Lage, die müsse mer ens probeere.«

Ich fuhr am frühen Abend zur Carl-Schurz-Straße. Anfangs gehörte auch Dr. Joseph Klersch zu unserer Runde, der Vorsitzende des Heimatvereins Alt-Köln, der für die Prinzen-Garde vorbildlich das Archiv führte; doch der ging abends um elf nach Hause, während ich die Stellung bis morgens um drei hielt. Als ich mich verabschiedete, hatten wir einen Großteil der fünfzehn

»Do bes do jo endlich ...«
Die Jungfrau von Kölle – möd und glöcklich

Flaschen Johannisberger niedergekämpft. Ich stund allt op der Trapp för erus. Da gab mir Thomas Liessem ganz fest die Hand und sagte: »Jung, do bes wirklich ausgesprochen standfest. Jetzt biste Präsident der Prinzen-Garde Köln!«

In den sechziger Jahren konnte sich das Dreigestirn noch weitgehend aussuchen, an welchen Veranstaltungen es teilnehmen wollte und an welchen nicht. Wir haben auch nicht jeden Kegelklub oder Stammtisch besucht: 150 Aufzüge waren geplant, 162 sind es geworden – aber nicht 420 wie heutzutage.

Ein Auftritt führte uns nach Bayern zur Feier von »75 Jahre Narhalla München«. Auf Wunsch unseres Prinzen Dr. Claus Welcker, der ein großer Eisenbahnliebhaber war, sind wir mit dem Zug nach München gefahren, wo es gleich einen großen Empfang gab. Die Prinzessin von München flog gleich auf mich zu, gewissermaßen von Jungfrau zu Jungfrau – das war ein Reiseauftakt nach meinem Geschmack, und wir zwei gaben in sämtlichen Zeitungen von München ein herrliches Paar ab.

Vormittags wurden wir von SPD-Oberbürgermeister Jochen Vogel empfangen, und abends war dann die Narhalla-Festlichkeit im Deutschen Theater, wo karnevalistische Aufführungen mit 27 Prinzen aus München und Umgebung stattfinden sollten.

Der Abend bewies, was ich einmal über den Unterschied von Karneval in Köln und Fasching in München gesagt habe: In Köln heißt es, wat trecke mer an? In München heißt es, wat trecke mer us? Mit anderen Worten, das Programm war ziemlich ... grauenhaft. Nachdem wir uns das Zeug zehn Minuten angesehen und krampfhaft mitgefeiert hatten – es lief insgesamt vier Stunden lang –, beschlossen wir: »Komm, nix wie weg, wir gehen lieber was Schönes essen.« Kurz entschlossen gingen wir drei nacheinander raus, steckten drei andere Kölner, unter ihnen den Ex-Bauern Robert Haag, in unsere Kostüme und verließen das Haus durch die Hintertür. Wir hatten unseren Spaß, und das »neue Dreigestirn« ist an diesem Abend im Theater noch ganz toll hofiert worden.

Manchmal – Gott sei Dank selten – nehmen die Aufzüge des Dreigestirns ein böses Ende. So hatten wir einmal einen Auftritt in der Börse. Da gab es viel Volk, dazu das Dreigestirn mit Begleitung, alles ging sehr eng zu. Auch auf der Bühne blieb kaum Platz, denn das Reiterkorps Jan von Werth war mit uns aufgezogen, und wir mußten ganz nah an die Hinterkante der Bühne rücken, damit die Männer ihren »schweren Reitertanz« zeigen konnten. »Rummrumm«, ging das, »bummbummbumm«. Nun war die Bühne nichts weiter als ein fahrbares Gestell, das durch das Tanzen und Aufstampfen des Reiterkorps schließlich an die zwei Meter nach vorne gerutscht war. In die so entstandene Lücke stürzte plötzlich mein Adjutant Dieter Weiermann. Der arme Kerl hat sich dabei so schwer verletzt, daß er volle drei Wochen im Krankenhaus gelegen hat; für ihn war die Session gelaufen.

Franz Oberliesen war Ende der sechziger Jahre Prinzenführer und hatte bei der Prinzen-Garde den Rang eines Generals. Er war nicht verheiratet und hatte, soweit bekannt, auch nie eine Freundin gehabt.

In der Session 1968, als ich mit meinen beiden Freunden Dr. Claus Welcker und Horst Loosen das Kölner Dreigestirn stellte, erfuhr ich von meinem Adjutanten Dieter Weiermann eine hochinteressante Neuigkeit: Er hatte gehört, daß Franz Oberliesen Damenbesuch erwartete. Da beschlossen wir drei: Den gehen wir morgen früh besuchen.

Am anderen Morgen standen wir schon um sieben Uhr auf und zogen uns an – ganz zivil mit T-Shirts, dazu aber die Mützen von Prinz und Bauer, ich die Jungfrauen-Krone mit Zöpfen. So verließen wir unsere Zimmer in der Dreigestirns-»Hofburg«, dem Hotel Excelsior, und klopften bei Oberliesen an die Tür. »Wat es?« schallte es uns von drinnen entgegen. »Das Dreigestirn steht vor der Tür, wir müssen dringend mit dir sprechen!«

Es dauerte fast eine halbe Stunde, bis uns geöffnet wurde. Da stand Franz Oberliesen im roten Seidenbademantel mit weißem Taschentuch, aufgedonnert, wie es nicht schlimmer sein konnte. Wir versuchten, an ihm vorbei ins Zimmer zu schauen, und sagten: »Wir lassen uns jetzt was Schönes zu essen kommen und frühstücken heute morgen mit dir zusammen.«

Schon beim Eintreten entdeckte ich ein Dessous-Teil: Ein BH hing über dem Sessel – den hatte unser

Prinzenführer so schnell nicht wegräumen können. Jetzt waren wir endgültig sicher, daß da noch jemand hier war ... Und wir ahnten auch, wo die Dame steckte: Franz Oberliesen hatte sie im Badezimmer eingeschlossen. Wir ließen uns aber überhaupt nichts anmerken und frühstückten ausgiebig von morgens um sieben bis mittags um halb eins.

1978 war Heinz Landen aus der Nippeser Bürgerwehr Prinz Karneval, dazu kamen Hans Mirbach als Bauer und Heinz Jungverdorben als Kölner Jungfrau. Unser Herbert Wienand, früher Mitglied im Corps à la Suite und heute Reservekorpsführer, ist mit Heinz Landen eng befreundet und hat ihn deshalb bei den Aufzügen als Mitglied der Prinzenwache häufig begleitet.

Eines Tages hatte das Dreigestirn einen langwierigen Aufzug und kam in aller Eile raus, weil die Zeit bis zum nächsten Termin schon sehr knapp war. Nun standen draußen drei nette Mächen, die wollten unbedingt ein Autogramm von Prinz, Bauer und Jungfrau haben. Sät der Heinz Landen zu denen: »Et deit mer leid, dat jeit jetz nit.« Dem Wienand flüsterte er aber zu: »Hör mal, die sind so nett, die können wir nicht enttäuschen: Frag sie doch, ob sie nicht heute nacht um eins in die Bar im obersten Stock ins Interconti kommen können. Wenn wir unsere Aufzüge absolviert haben, können wir uns noch ein bißchen mit ihnen zusammensetzen, jet verzälle un Spaß han. Die können auch schon mal auf unsere Kosten ein Fläschchen Sekt trinken.« Herbert Wienand hät dat locker jerejelt und die Damen entsprechend instruiert.

Pünktlich um eins waren die drei an Ort und Stelle. Nun ist die Bar in dem Hotel, das damals noch »Interconti« hieß und bis heute als »Dorint Kongreß-Hotel« die Hofburg des Dreigestirns ist, reichlich groß, und sie war um diese Uhrzeit auch weitgehend leer. Nur an einem einzigen Tisch saßen Gäste, und zwar die Frauen des Dreigestirns. Und ausgerechnet dort – weiß der Kuckuck, warum – nahmen die Damen Platz! Und sogleich plauderten sie, in nur leicht gedämpftem Ton, über das bevorstehende Rendezvous.

Da schwärmte die eine: »Ich han die schon op der Damensitzung jesin. Dä Landen, dat es dr Prinz, dann sin do noch dä Mirbach un dä Jungverdorben, dat sin nette Männer met jet an de Föß, un ich interessiere mich vör allem för dä Prinz; do deis dich jet öm dä Boor kömmere un do dich öm de Jungfrau.« Die drei Ehefrauen trauten natürlich ihren Ohren nicht! Sie haben sich aber nicht zu erkennen gegeben und beobachteten alles ohne die kleinste Regung.

Als das Dreigestirn im Interconti ankam, wollte Herbert Wienand erst einmal nach dem Rechten sehen. Nichts Böses ahnend, fuhr er mit dem Aufzug in den zwölften Stock und entdeckte ... Öm Joddes Welle! Die drei bei den Frauen vom Dreigestirn! Eine Situation zum Verzweifeln! Er konnte ja wohl nicht an den Tisch gehen und sagen: »Wat wollen Sie dann he?« Aber so weit kam es überhaupt nicht. Als sie ihn erspähten, sprangen die drei Mädchen auf und freuten sich: »Ach, da sind Sie ja, Herr Wienand, wir warten schon eine ganze Stunde hier.« Plötzlich fiel ihm eine Lösung ein: »Entschuldigense bitte, die Lage hat sich etwas geändert, bitte gehen Sie nach unten in die Derby-Bar, Sie werden bei Gelegenheit nach oben gerufen.« Prinzenführer Wib Mühr hat sich dort dann der Damen angenommen, denn das Dreigestirn war an diesem Abend natürlich tabu.

Am letzten Fastelovendstag, dem Karnevalsdienstag, hat das Dreigestirn alljährlich seinen letzten Auftritt im Gürzenich bei der KG »tafaba« (KG »Taxifahrerball«), wo um Mitternacht die Amtszeit der Tollitäten endet. Anschließend feiert das Trifolium noch in der »Hofburg« weiter.

So auch 1982, als die Große Kölner das Dreigestirn mit Prinz Günter Deibert, Bauer Hanspeter Kottmair und Jungfrau Peter (»Petra«) Harens stellte. Deren Feier allerdings hatte einen Wermutstropfen: Auf unerklärliche Weise war die Krone von Jungfrau »Petra« verschwunden. Nirgends war sie aufzufinden, wochenlang gab es keine Spur. Dann aber wurde sie, viel schlimmer noch, Peter Harens anonym in schrecklichem Zustand zugeschickt.

»Wie die ussüht«, erschrak Harens: Das gute Stück war so platt, als sei eine Dampfwalze drüber gefahren. Die Jungfrau war fix und fertig.

Noch einmal Wochen später, bei einem gemeinsamen Abendessen, gab sich der Übeltäter zu erkennen: Bauer Kottmair hatte nicht nur das Original verschwin-den lassen (wie, das bleibt bis heute sein Geheimnis), sondern auch das völlig ramponierte Duplikat fertigen lassen. Bei dem Essen rückte er dann das (unbeschädigte) Original wieder heraus.

In einer Kneipe gegenüber dem Sartory hatte eine kölsche Thekenmannschaft häufig Gelegenheit, das Dreigestirn aus der Großen Kölner zu bewundern. Dabei entstand die Idee, eine Imitation zu schaffen, aber was für eine! »Das zerrissene Dreigestirn«, wie sich die drei nannten, stellte eine wahrlich heruntergekommene Version der glanzvollen Kölner Tollitäten dar.

Beim ersten Aufeinandertreffen mit dem echten Dreigestirn freundete man sich gleich an, und drei oder vier Tage lang stifteten die sechs gemeinsam in mehreren Sälen Verwirrung, wenn erst das falsche, dann das richtige Trifolium auf die Bühne zog. Das Festkomitee machte dem aber rasch ein Ende ...

Am Tag der Prinzenproklamation ging Fritz Figge schon mal um halb drei um den Gürzenich herum, obwohl wir erst um 18 Uhr da zu sein hatten. Et wor esu kalt, hä em Frack, wieße Händsche, Mötz an. Ich sag: »Fritz, wat mähs do dann?« Sagt der: »Ich jeh Reklame.«

Wie bei den Sitzungen, so werden auch bei der Proklamation häufig Geschenke verteilt – zum Beispiel an das Dreigestirn durch den Oberbürgermeister, der die Tollitäten ins Amt einführt. So empfing Jungfrau »Artura«, Artur Tybussek, 1993 im Gürzenich von OB Norbert Burger einen silbernen Spiegel. Darin (»Spieglein, Spieglein in der Hand ...«) sollte er gelegentlich seine Schönheit bewundern dürfen. Bald schon hatte die Jungfrau aber einen anderen, sehr praktischen Verwendungszweck dafür herausgefunden.

Wenn »Artura« weit hinten im Saal einen Bekannten entdeckte, funkte er mit seinem Spiegel einen Lichtblitz in die Augen des Betreffenden. Diese Form der Kontaktaufnahme klappte jedesmal.

Übung macht den Meister. Das zeigt auch das Beispiel von Artur Tybussek, der als »titschende Jungfrau« – er pflegte bei seiner Vorstellung auf der Bühne immer heftig auf und ab zu hüpfen – in die Geschichte des Karnevals einging. Jungfrau »Artura« hatte sich nämlich in Rot den Schriftzug »Alaaf you« auf den Saum vom Unterrock sticken lassen – er wollte ihn als Schlußgag beim Aufzug der Jecken zeigen. Anfangs aber griff er stets nach der gesamten Jungfrauen-Wäsche und hob alles hoch. »Alaaf you« – war nix; statt dessen bekam das Publikum jedesmal freien Blick auf seine kernigen Männerwaden. Es dauerte zwei Wochen, bis Tybussek den richtigen Griff raushatte und der Unterrock unten blieb.

Dr Zoch kütt!

Vor mehr als dreißig Jahren hatten wir bei den »Lyskircher Junge« mal den Vorstandsvorsitzenden der Ford Werke, Robby Layton, auf dem Wagen im Rosenmontagszug. Der Zug stand unter dem Motto »Wirtschaftswunderkinder«, und unser Wagen hieß in Anspielung an Werner Höfers Fernsehfrühschoppen »Internationales Früh-Foppen«. Also waren wir auch international kostümiert: Robby Layton han se als Mexikaner anjedon, ich war Schotte und so weiter.

Layton war sehr klein, su ene Stoppe vun einsfuffzich. Er hatte sich für die Pralinenschachteln, die er in die Menge warf, Karten drucken lassen: »Überreicht von Robby Layton, Vorstandsvorsitzender der Ford-Werke AG Köln.« Für besonders gut aussehende Frauen hatte er aber noch Extra-Karten dabei, die er von Fall zu Fall an die Pralinen steckte: »Wir treffen

Bützche un Kamelle ömesöns

uns um 19 Uhr am Rosenmontag beim Rote-Funken-Ball im Gürzenich.«

Nach dem Zug waren wir zwei noch ins Excelsior essen gegangen und kamen gemeinsam Punkt 19 Uhr beim Gürzenich an. Da standen sicherlich an die dreißig Frauen, sowas hast du noch nicht gesehen – doll! Jetzt kamen die alle hilfesuchend zu mir, weil sie mich als den »Schotten« vom Wagen wiedererkannt hatten, und fragten: »Wo ist denn der Herr Layton, der da bei Ihnen auf dem Wagen stand?« – »Ja, meine Damen, tut mir leid, das ist der hier.« – Drei Mädchen sind aber (immerhin!) mitgegangen.

Außerhalb der Ehrengarde wird wenig bekannt sein, daß Karl Schmitz-Grön vor dem 2. Weltkrieg vier Jahre lang Literat der Ehrengarde war und auch bei ihr im Rosenmontagszug mitritt.

Dort, bei der Ehrengarde, gab es auch den Hubert Schneider, Generalpostmeister, »e huh Dier« also. Der sagte eines Tages för dr Grön: »Do bruchs dir kei Päd zo liehne, do kriß ere ein vun mir.« So saß Schmitz-Grön am Rosenmontag auf Sultan. Auf Anhieb kamen Pferd und Reiter im Zug ganz gut miteinander zurecht. Es gab zwar Jedöns, weil Sultan »jöckig« war und ein Auge auf eine Stute geworfen hatte – die näheren Details unterliegen hier selbstverständlich meiner Diskretion –, aber sonst ging alles gut. An der Maastrichter Straße löste sich der Zug auf, und jeder ritt, wie das in den zwanziger und dreißiger Jahren noch üblich war, mit seinem Pferd in den jeweiligen Heimatstall zurück. So stand Grön plötzlich mutterseelenallein da. Er bewegte sich gemütlich auf seinem Sultan in Richtung Ringe, als aus der Limburger Straße eine ganze Horde von Schusterjungen quoll, die einen lauten Schreckschuß losließ. Dat wor für dä Sultan dr Startschoß.

Im gestreckten Galopp – sehr gegen Gröns Willen – ging es den Ring hinauf, vorbei an der Kneipe »Borussia« am Friesenplatz, wo die feixenden Kameraden saßen. »Lor ens, dä Schmitz-Grön«, riefen sie. »Un dä sät immer, hä künnt nit rigge.« Erst am Vater-Rhein-Brunnen am Kaiser-Wilhelm-Ring hielt Sultan endlich an, gleich neben einer Taxe.

Dem Grön taten die Füße in den hohen Reitstiefeln weh, und er war den Sultan gründlich leid. So kletterte er in die Taxe, kurbelte die Scheibe runter, griff durch das Fenster nach den Zügeln und gab die Anweisung: »No fahr ens schön langsam durch Kölle.« So ging es mit vereinten Pferdestärken quer durch Köln bis zum Lichhof, wo Schneiders Hubät wohnte und schon op singe Sultan am wade wor.

So ganz glücklich war die Beziehung zwischen Päd und Grön auch in anderen Fällen nicht. Einmal bekam er von Reitlehrer Thiel vom »Tattersall« an der Venloer Straße ein Pferd für den Rosenmontagszug, »ein Pferd«, schwärmte der Thiel, »hach: Spitze!«

Es klappte auch ganz gut bis zum Alter Markt, wo der Zoch zum Halten kam, weil dort traditionsgemäß der Oberbürgermeister begrüßt wurde. Als es weitergehen sollte, rief irgendein Jeck »Briketts!« statt »Kamelle!«; do blev dat Päd ston. Es ging keinen Schritt nach vorn. Man hatte dem Grön ein Klüttenpferd untergejubelt!

Die Prinzen-Garde hat am Rosenmontag ihren Aufstellplatz am Hildeboldplatz. Da gibt es eine kleine Kneipe, sehr kuschelig, die an diesem Tag für die Öffentlichkeit geschlossen ist. Jemand aus unserem Corps à la Suite hatte aber irgendwann mit der Wirtin gesprochen und verhandelt; seither bekommt sie ein kleines Sümmchen, un dofür mäht die dat Lokal op, aber nur für die Prinzen-Garde. Das ist sehr wichtig, schon allein, weil man dort noch mal kurz vor dem Start des Zochs auf die Toilette verschwinden kann.

Als es wieder einmal Zeit war aufzubrechen, strömte die Prinzen-Garde, die ja den Prinzen am Schluß des Zuges begleitet, ins Freie. Als die Kneipe schon ganz leer war – nur unser Reservekorpsführer Herbert Wienand hielt noch die Stellung –, kehrte ich in aller Gemütsruhe noch einmal dort ein. Wienand sah mich perplex an: »Wat mähs do dann he, jeihs do nit em Zoch met?» – «Ohne mich fährt kein Wagen weg«, antwortete ich und verschwand nach hinten. Als ich wieder draußen war, stürmte plötzlich ein Korpskamerad an mir vorbei in die Kneipe: Uli Hopf, ein sehr engagierter Mann, der damals zum ersten Mal im Zoch dabei war. »Hör ens, Uli, dr Zoch es doch allt am jon!« sagte Wienand zu ihm. »Nä, nä, die han nur die Wagen e beßje vörjettocke«, antwortete er und verschwand. Unterdessen ging unsere Gruppe komplett los, und als Uli Hopf wieder auf die Straße kam, sah er keinen einzigen unserer Wagen mehr – alles fott!

Da rannte er hinterher, bis er die Prinzen-Garde eingeholt hatte, sprang auf den erstbesten Wagen drauf – die sahen für ihn wohl alle gleich aus –, kletterte durch den Vorhang, die Treppe rauf, und plötzlich stand er wie ein Gespenst neben mir, obwohl da eigentlich kein Zentimeter Platz mehr war. Natürlich mußte er sich dafür mächtig was von mir anhören – aber er geht bestimmt nie wieder auf den letzten Drücker vorm Zoch auf die Toilette!

Vor dem Kölner Presseklub berichtete der frühere Festkomitee-Präsident Gisbert Brovot einmal von einer Täuschung, der er als Teilnehmer im Rosenmontagszug jahrelang erlegen war: An allen Ecken und Enden sei ihm »Gisbert! Gisbert!« zugerufen worden, so daß er sich gewundert habe: »Mensch, daß die dich alle kennen!« Erst als er einmal genauer hinhörte, erkannte er: »In Wirklichkeit riefen die immer ›Knieskopp‹!«

Op Jöck

Es muß in den fünfziger oder Anfang der sechziger Jahre gewesen sein, da sollte in den Babelsberger Studios in Berlin unter der Regie von Atze Brauner der Kinofilm »Rheinland-Melodien« gedreht werden. Da durfte natürlich Köln, vor allem aber der kölsche Karneval nicht fehlen. So fuhren die Lyskircher Junge also nach Berlin, wo im nachgebauten Gürzenich eine Sitzung gefilmt werden sollte. Unser Part war recht klein: Es ging nur um die Ansage dieser Sitzung. Wir blieben dennoch drei Tage dort und hatten so auch noch Zeit für allerhand Blödsinn.

Im »Theater des Westens« spielte man »Frau Luna« – das wollten wir sehen. Nun war auch Robert Haag dabei, und wenn der einen im »Tee« hatte, dann war alles drin – nicht zu glauben!

Das Stück begann, und in einer Szene kam ein Halbmond von der linken Seite und zog an der Bühne vorbei nach rechts. Eine ganz bekannte Schauspielerin sang gerade, doch plötzlich blieb ihr der Ton im Hals stecken: Mit einem Glas Champagner in der Hand saß unser Freund Robert Haag mit Unschuldsmiene in dem Halbmond und ließ sich über die Bühne schaukeln. Er hatte die Leute in der Dekoration bestochen, damit sie ihn auf den Mond ließen ...

An einem anderen Abend waren wir in einer Seitenstraße vom Kurfürstendamm auf ein Schwulenetablissement namens »Chez nous« gestoßen. Das war damals noch etwas Ungewöhnliches, so daß wir uns das mal genauer ansehen wollten.

Wir saßen zunächst mal ganz still. Die meisten Männer konnte man auf den ersten Blick tatsächlich kaum von Frauen unterscheiden. Einer sang gerade – es war furchtbar. Hans Müller-Europa (er hatte sich das Namensanhängsel »Europa« selbst verpaßt zur Unterscheidung von unserem Mitglied Müller-Opladen) lorte mich bedeutungsvoll von der Seite an, ging zum Kapellmeister, gab dem ein dickes Trinkgeld und winkte uns unauffällig an die Instrumente: Er selbst ging ans Klavier, Robert Haag ans Schlagzeug, ich ging an den Schlagbaß und so fort, bis wir zu siebt vom Vorstand der Lyskircher Junge da saßen und den Sänger zu den bekannten Melodien begleiteten. Wir waren ein eingespieltes Team, das ziemlich perfekt war, obwohl wir nicht nach Noten spielen konnten. Bis zum Schlußakkord brauchte der Sänger, bis er uns bemerkte.

*»Guter Mond,
du gehest soho stihille ...«*

Jung, dat jov e Thiater! Doch wir hatten uns auf die Seite des Publikums gespielt – die Bude gehörte für den Rest der Nacht uns.

Doch nun zurück zu den Filmaufnahmen für die »Rheinland-Melodien«, derentwegen die Lyskircher Junge ja eigens nach Berlin gefahren waren. Unsere einzige Aufgabe war, wie gesagt, die Ansage der Sitzung, die hier nachgespielt werden sollte. Das sah so aus: Präsident Jean Küster machte die Begrüßung, und wir anderen saßen als Staffage daneben im Elferrat.

Jean Küsters Text war nicht lang. Da hieß es: »Meine lieben närrischen Freunde, ich begrüße Sie herzlich. Wir übertragen hier die ›Rheinland-Melodien‹, und ich glaube, daß das ein großer Erfolg wird«, und so weiter, vielleicht noch drei, vier Sätze, wie dat su ene Präsident eben mäht. Aber: Er kriegte es einfach nicht hin.

Um sieben Uhr haben wir angefangen. Et wood aach, nüng, halver zehn. Öm elf Uhr wor ich et satt. Ich sag': »Hör ens, för dä Käu müsse mer he die janze Zick ston, em Frack?« – »Ja, deit mir leid, ich kann dat nit ...« Da haben wir ihm die paar Sätzchen aufgeschrieben, aber das gab neue Probleme: Der Jean konnte das nicht lesen, weil es zu klein geschrieben war und er keine Brille dabei hatte. Also haben wir es noch einmal in riesigen Buchstaben notiert, und schließlich hat Jean Küster es dann doch noch geschafft.

Da war es inzwischen halb eins in der Nacht. Als wir endlich gingen, versicherten uns die Filmleute: »Das kommt in den nächsten Tagen heraus, einmal im Fernsehen und später dann auch im Kino.«

Wir haben immer nachgeguckt: »Jo, wann läuf dat dann, wo sehen wir uns denn als Fernsehstars?« Nix. Es vergingen sage und schreibe zwei Jahre, bis uns der Anruf erreichte: »Hück es Sonndag, hück kütt die Sendung met uns.« Mer natürlich all an dat Jerät un met jroße Auge erenjelort. Und tatsächlich: die »Rheinland-Melodien«! Da kamen wir vielleicht fünf Sekunden drin vor, ganz klein, hinten im Background. Und die kostbaren Sätze von Jean Küster? Die waren komplett herausgeschnitten.

Wir waren damals am Sonntagmorgen in einer Drehpause auch im Berliner Osten gewesen, in Treptow und beim Ehrenmal für die gefallenen Soldaten. Der Ausflug war sehr anstrengend, und als wir mittags zurückkamen in unsere Pension, war ich so müde, daß ich mich aufs Ohr legte.

Op eimol am Nommedach kloppten die Fründe an die Dör un reefe: »Chef, opstonn!« – »Wat es los?« – »Mer dun jetz herrlich Kaffee drinke!« Das ließ ich mir nicht zweimal sagen und war ruckzuck aus dem Bett. Die Wirtsfrau hatte damals, zu Anfang der »Wirtschaftswunderzeiten«, nicht viel Geld, aber gemeinsam mit unseren Jungs hatte sie eine tolle Kaffeetafel gezaubert: Im Korridor war ein langer Tisch mit einem Wachstuch gedeckt; Schwarzbrot, Butter, Rübenkraut und Kaffee hatte die Wirtin beigesteuert – ein köstlicher Anblick. Innerhalb kürzester Zeit saßen wir alle mit Appetit drumherum.

Den Clou hatten meine Kameraden noch in petto: »Für dich, lieber Hans, haben wir was ganz Besonderes: Wir haben heute eine Ballettshow hier, wie du sie noch nie erlebt hast.« Sie klopften an eine Tür, die ging auf, und heraus kam, im Handstand und mit einem Clownshütchen auf, ein kleiner Pinscher. Ich ben bahl vum Stohl jefalle. Das war eine gelungene Entschädigung für diese blöde Kinosache mit den »Rheinland-Melodien«.

Eine besonders originelle Type im kölschen Karneval war Heinrich Kuttenkeuler. Er besaß etliche Tankstellen und war Teilhaber eines Hotels in Palma Nova namens San Caliù – ein irres Ding mit 560 Betten. Wir nannten ihn immer »Mr. Fünf-Prozent«. Das entsprach wohl in etwa seiner Beteiligung, aber er hatte wirklich viel zu sagen in dem Laden: Wenn Kuttenkeuler kam, war alles klar.

Einmal war das Reservekorps der Prinzen-Garde in dem Hotel zu Gast. An einem Tag tobte der »Kutti« plötzlich wie verrückt, und wir fragten: »Ja, verdammt noch mal, wat schängs do dann he eröm?« – »Ming Selverlöffelcher sin fott.« Zwanzig silberne Löffel waren verschwunden. In der Küche kann so etwas bei dem Massenbetrieb doch schnell mal versehentlich weggeworfen werden oder sonstwie unter die Räder kommen – doch Kuttenkeuler hatte die Prinzen-Garde in bösem Verdacht: Wir hätten die Silberlöffel eingesackt.

Dafür gab es später in Köln jedoch eine Retourkutsche: Seit dem Vorfall hieß Kuttenkeuler bei uns »dr Löffelchens Hein«, und das Reservekorps schenkte ihm zu Weihnachten eine Klosettkette, an die zwanzig kleine Löffel gehängt waren. Diese Löffelchenskette mußte Kutti zur Strafe immer anziehen, wenn er zur Prinzen-Garde kam. Kein leichtes Schicksal, zumal die Kette aus Blei war ...

In den siebziger Jahren fuhr der geschäftsführende Vorstand des Festkomitees zu einer halb touristischen, halb offiziellen Fahrt nach Rom. Wir waren in Begleitung unserer Damen und wollten an einem der ersten Abende mit Bischof Dr. Alois Wagner zusammentreffen, der sich als sach- und ortskundiger Reiseleiter um uns kümmern wollte. Wir alle kannten ihn bis dahin nicht.

Es war reichlich warm in Rom an diesem Abend, und so suchten und fanden wir ein Straßenrestaurant in unmittelbarer Nähe des Petersplatzes. Dreißig Grad im Schatten – da hatten wir alle bald den Rock ausgezogen und hinten über die Lehne gehängt. Wenig später erschien Seine Exzellenz, Bischof Dr. Alois Wagner.

Nacheinander stellte man sich vor. Die anderen zogen dazu alle den Rock wieder an, aber ich dachte: »Och wat, wat soll dat, loß mer dat doch leger maache.« Außerdem bin ich evangelisch, ich sah das also nicht allzu streng.

Ich war der letzte in der Reihe, begrüßte den Bischof »hemdsärmelig« und stellte mich vor: »Hans Becker, Präsident der Prinzen-Garde. Stehen Se mal bitte stramm: Kraft meines Amtes befördere ich Sie hiermit zum Leutnant der Prinzen-Garde Köln. Meine Freunde nennen mich Hans, wie heißt du?« Sät dä: »Alois!«

Es war zwar alles am Lachen, aber am anderen Morgen – da wurden wir um acht Uhr an dem Obelisken am Petersplatz empfangen – kommt Heinz-Helmut Simon, seines Zeichens Präsident der Großen Kölner KG, und fährt mich an: »Wie kannst du Seiner Exzellenz das ›Du‹ anbieten, bist du wahnsinnig?« – »Ja, also, wenn das so ist –, dann gebe ich dem Bischof das ›Du‹ gleich zurück.«

Pünktlich um acht stößt Dr. Wagner wieder zu unserer Gruppe, begrüßt uns, und ich sage: »Alois, ich muß dir das ›Du‹ zurückgeben, der Heinz-Helmut Simon hat jemeint ...« – »Wos?« sagt der in seinem österreichischen Dialekt, »dös ›Du‹ zurück? Du bist mei Freind, und du bleibst mei Freind!« Bums, damit war das »Du« mit ihm besiegelt.

Gleich im Anschluß an diese Begebenheit hatten wir in der deutschen Kirche beim Petersplatz ein kleines Pontifikalamt mit Bischof Wagner – das war traumhaft schön.

Mitten im Gottesdienst fragt uns der Bischof, ob denn nicht einer von uns an die Orgel gehen könnte. Einer meldete sich: Rudi Herrmann, der spätere Festkomitee-Präsident. Er ging an die Orgel und spielte unerschrocken: »Ich ben 'ne kölsche Jung, wat willste maache.«

Bischof Wagner ist auch zweimal hier in Köln gewesen, und Bernd Assenmacher als Festkomitee-Präsident brachte ihn dazu, auf einer Prinzen-Proklamation nette Worte über das Festkomitee zu finden.

Der Bischof war wirklich völlig unkompliziert. So bot er mir, was ich toll fand, irgendwann an: »Ruf mich doch an Heiligabend mal an, gegen 22 Uhr, da stehe ich immer für die Deutschen parat, wenn einer Kummer hat.«

Das Angebot habe ich auch mehrfach genutzt. Als ich beim dritten Mal an Weihnachten nach Rom telefonierte, sagte ich wie gewohnt: »Ich möchte Exzellenz Bischof Dr. Alois Wagner sprechen.« Das Mädchen am Telefon schluckte peinlich berührt: War doch der Bischof die Treppe raufgefallen und Erzbischof geworden!

Inzwischen ist mein Freund Alois Kardinal.

Jahre später war die Prinzen-Garde wieder in Italien, diesmal verstärkt durch Pater Paul Guntermann von den Blauen Funken. Wir haben unter anderem Frascati besucht, auch Castel Gandolfo, den Ort, in dem die Sommerresidenz des Papstes liegt. Meine Frau Felicitas und ich mußten jedoch vorzeitig zurück, weil mein Enkel im »Immekeppeler Dom« konfirmiert werden sollte. Auch Pater Guntermann mußte verfrüht die Rückreise antreten.

Unglücklicherweise streikten die Taxifahrer; wie sollten wir nun zum Flughafen kommen? Wir konnten auch keinen Mietwagen nehmen – uns hatte der Frascati an diesem Tag zu gut geschmeckt! Do sät Bischof Wagner, der uns ebenfalls begleitet hatte: »Da nehmt ihr halt meinen Wagen, der Fahrer bringt Euch zum Flughafen.«

Das haben wir dankbar angenommen und sind in das Auto geklettert. Dat wor ene ahle Opel, aber immerhin mit Standarte vom Vatikan vören drop. Am Flughafen angekommen, ließ ich zuerst meine Frau aussteigen; auch das Gepäck wurde rausgenommen. Darauf knallt der Fahrer met Schmackes die Dör zo und meint zu mir: »Wollen Sie nicht aussteigen?« – »Ich kann nicht.« Fragt der: »Warum nicht?« – »Weil Sie mir gerade fürchterlich den Finger eingeklemmt haben!« Jung, mir standen die Tränen in den Augen! Ich lore dä Fahrer an un sage: »Ich hab' im heiligen Rom ja schon allerhand erlebt, aber daß ich hier am Flughafen die Engelchen fleuten hüre – dat is neu!«

1985 erhielt die Prinzen-Garde Köln eine Einladung vom damaligen Bürgermeister Jacques Chirac nach Paris. Einhundertzwanzig Prinzen-Gardisten plus Musikkorps waren wir. Wir machten uns alle schön parat, denn wir wollten von der Place de l'Etoile die Champs Elysées hinuntermarschieren. Wir hatten freilich ziemlich starke Bedenken: Ob die Leute vielleicht Tomaten, Steine oder sogar Flaschen nach uns werfen würden, wenn wir da mit preußischen Uniformen durch Paris und dann ausgerechnet über die Champs Elysées liefen? Wir stellten uns hinter der Kapelle in Zweierreihen auf, und dann ging es los; unser Zug nahm gar kein Ende. Natürlich konnten wir unbehelligt die ganze Straße hinuntergehen, die Lück han sujar applaudiert, und wir marschierten am Louvre vorbei direkt ins Rathaus.

Dort angekommen, war vor allem unser »Kleinster«, Edgar Patzer, der kaum 1,55 Meter mißt, von den Rathauswachen beeindruckt: farbige Zwei-Meter-Männer, die Fräcke mit gelber Weste trugen und ausgesprochen schick aussahen. In seiner Begeisterung ließ der Patzer die unsere »Tröt« anziehen, den 45 Zentimeter hohen Helm der Prinzen-Garde Köln, und stellte sich daneben – ein Bild für die Götter: die nun 2,45 Meter großen Schwarzen mit weißer Perücke und daneben der gerade mal halb so große Patzer. Als ich en et Rothus eren kom, meldete Edgar Patzer im Hinblick auf die neuen »Gardisten«: »Herr Präsident, die Außenstelle der Prinzen-Garde im Hotel de Ville angetreten.«

»Wenn du nicht brav bist,
bist du nachher auch so klein mit Hut«

Im Rathaus gab es einen tollen Empfang eigens für uns. Es dauerte aber nicht lange, bis das Korps mekkerte: »Mer han Staublunge.« Mit anderen Worten: »Dat es jo en blöde Korpsfahrt, wo et nix zo drinke jitt.« (Die Kölschen muß man ja immer erst mit Getränken mundtot machen.) Aber die Beschwerden waren sehr voreilig: Denn auf dreißig oder sogar vierzig Metern Länge wurden im selben Moment Rolladen hochgezogen, hinter denen sich ein riesenhaftes Büfett vom Feinsten und Champagner in solchen Massen verbargen, wie ich es nie wieder erlebt habe! Morgens um halb sechs habe ich die letzten Gardisten hinausgekehrt: Es war höchste Zeit, weil am folgenden Tag die Queen empfangen werden sollte.

Das Reiterkorps der Prinzen-Garde bekam auch einmal eine Einladung nach London. Das ist ja das Schöne am Karneval: Man bekommt überallhin Verbindungen.

Untergebracht waren wir in einem piekfeinen Hotel. Das hatte allerdings einen kleinen Schönheitsfehler: Es war direkt über der U-Bahn gebaut, und wenn die Bahn vom Tower heranfuhr, wurden genau unter dem Hotel die Weichen gestellt. Selbst wir im dritten Stockwerk hörten das laute »Rattatattatapp«. Kaum war man mühsam wieder eingeschlafen, schon kam – »rattatattatapp« – der Zug aus der Gegenrichtung.

Das war ich bald leid: Schluß, aus, jetz jon mer noch ens an die Bar und besorgen uns die nötige Bettschwere. Das ging dann an drei Abenden so. Dabei wurde es einmal richtig gefährlich: Wir suchten eine Bar in Kensington auf, die sich über drei Etagen erstreckte; die Mädchen in der Bedienung hatten von der obersten bis zur unteren Etage immer weniger an, da wollten wir natürlich nach unten ... Gerade waren wir auf der Treppe Richtung Untergeschoß, da gab es eine gewaltige Detonation: Irgendwo in der Nachbarschaft war eine Bombe hochgegangen, und wir flogen direkt wieder us däm Lokal erus – schade!

An einem anderen Abend wurden wir von der Horseguard London, dem Begleitkommando der Queen, in einen sehr eleganten Club eingeladen. Kaum daß wir uns zum Essen niedergelassen hatten, wurde eine ganze Reihe hübscher Mädchen hereingeführt, und jeder von uns bekam eine eigene schöne Nachbarin. Ich fragte die junge Frau, die rechts von mir zu sitzen kam, was sie trinken wollte; die Antwort war: »Schampäng!« Und jedesmal, wenn ich sie wieder fragte: »Mögen Sie noch was trinken?« antwortete sie: »Schampäng.« Jut, jov et eben Schampäng. Das war ein tolles Weib, blond, hinten mit Zopf, prima Figur, eine schicke Frau.

Auf einmal sagt mein Gegenüber Peter Bomm, der später Kommandant der Prinzen-Garde war: »Komm,

»Ävver ming Fläsch Kölsch han se nit jefunge!«

wir wechseln mal den Platz.« Ich sag: »Jut, setz du dich hierhin, ich setz mich do hin.« Nun saß ich der schönen Frau gegenüber. Und stellte, sobald sie den Mund aufmachte, fest: Die hatte keine Schneidezähne mehr! Doch statt Peter Bomm mein entsetztes Gesicht zu gönnen, sagte ich nur: »Die süht ävver jot us! Und La Paloma pfeifen kann se!«

Als wir in derselben Nacht ins Hotel zurückkehrten, entdeckten wir, daß wir in der Zwischenzeit alle »Besuch« gehabt hatten. Meine sämtlichen Koffer waren aufgebrochen worden, und meinen Korpskameraden war es nicht besser ergangen: Als ich auf den Flur stürzte, riefen sie mir schon entgegen: »Hör ens, bei Dir och?« – »Ja, bei mir och!« Alles war von den Dieben durchwühlt worden. Die mußten allerdings mit ziemlich leeren Händen abgezogen sein – Gott sei Dank hatte kaum einer seine Wertsachen im Hotel gelassen. Uns allen war trotzdem beim Schlafengehen einigermaßen mulmig zumute, und zum ersten Mal auf dieser Reise waren wir ganz froh, wenn wir von dem »Rattattata« der U-Bahn und nicht von anderen Geräuschen geweckt wurden ...

Mit dem schönen Ordre de Côteaux de Champagne, bei dem man mich zum Chevalier ernannt hatte, waren wir mal in Nizza. Wir wohnten im noblen Negresco –

dem Traum von einem Hotel, dessen Name auch für verwöhnte Leute einen einzigartigen Klang hat. Unser Freund Heinrich Kuttenkeuler war auch dabei, ein feiner Kerl, der freilich keine Scheu hatte, bei solchen Gelegenheiten ein handfestes »Souvenir« mit nach Hause zu nehmen.

Ich wußte von dieser fragwürdigen Leidenschaft. Als wir, auf dem Heimweg nach Köln, wieder im Flughafen saßen, kam mir plötzlich ein Einfall: Ich ließ mich von der Auskunft ausrufen. »Herr Hans Becker, bitte bei der Auskunft melden«, tönte es durch die Wartehalle. Ich bin natürlich gleich hin, und ebenso natürlich hatten die Leute gar keine Nachricht für mich vorliegen; doch darum ging es ja auch nicht: Hauptsache, meine Freunde hatte den Ausruf über die Lautsprecher gehört.

Als ich zurückkam, setzte ich eine sehr ernste Miene auf und sagte: »Hört mal, Kameraden, das Negresco läßt ausrichten, daß jemand aus unserem Kreis etwas aus dem Hotel hat mitgehen lassen. Man wird unseren Flug so lange aufhalten, bis es wieder ans Tageslicht gekommen ist.«

Ich guckte in die Runde, und meine Augen blieben probeweise bei »Kutti« hängen. Da meinte der: »Es könnte sein, daß ich da etwas habe.« Und tatsächlich: Dä mäht singe Koffer op un höllt ene 1a-Bademantel erus, mem Wappe vum Negresco vören drop.

Die Große Kölner hat mehrfach Auslandsreisen für kulturell interessierte Mitglieder organisiert. Auf einer dieser Reisen, es ging nach Spanien, mußte eine Teilnehmerin auf ihren Koffer verzichten; er war auf der Hinfahrt »verschöttgegangen«. Auch ihr Mann, ein ehemaliger Regierungsdirektor aus Bonn, hatte Probleme mit seinem Gepäck – von ganz anderer Art allerdings. Nach der zweiten oder dritten Station berichtete er seinen Mitfahrern, daß mit dem Koffer irgend etwas nicht stimme: »Also, der ist ja so voll – ich habe den bald gar nicht zugekriegt.« Er und seine Frau hatten den vermaledeiten Koffer buchstäblich bekniet und letztlich nur mit roher Gewalt schließen können.

Das Rätsel löste sich bei der nächsten Reisestation: Als der Regierungsdirektor dort den Koffer wieder öffnete, stellte er fest, daß er versehentlich die Tagesdecke aus dem Hotelzimmer mit eingepackt hatte.

Heinz-Helmut Simon pflegt stets eine Menge Festkomitee-Abzeichen mit auf die Reisen zu nehmen – denn man weiß ja nie! Natürlich hatte er auch welche dabei, als einmal eine Gruppe der Großen Kölner an Fronleichnam nach Rom reiste. Kardinal Joseph Ratzinger empfing die Besucher aus Köln, und Simon machte, wie sich das gehört, einen richtig schönen ordnungsgemäßen Kniefall. Da machte es plötzlich »peng!«, und schon war seine Hose an der Rückfront gerissen: Ritsch, ratsch, de Botz kapott. Was nun? Gottlob entsann man sich rasch der Festabzeichen aus Köln, die hinten eine Sicherheitsnadel tragen, und damit wurde das völlig unprogrammgemäße Loch geflickt.

Bei den Roten Funken trägt Ludwig Sebus den bezeichnenden Funkennamen »Krätzchen«, und in seinem Funkenpaß steht: »Avkummandeet zom Krätzchesinge«.

Als die Funken 1974 nach New York reisten, um an der Steubenparade teilzunehmen, waren auch Sebus und das Dreigestirn des Jahres '74 dabei, die Brüder Heiner und Wib Mühr als Prinz und Bauer sowie Hans Jungkenn als Jungfrau.

Viele Deutschstämmige säumten die Straßen; der Auftrieb war beachtlich. Ludwig Sebus lief in dem Pulk Roter Funken direkt vor dem Wagen des Dreigestirns her, und da bekam er mit, wie eine junge Mutter auf den Prinzen zeigte und ihrem kleinen Kind erklärte: »Siehst du, und das ist das Kasperle von Köln.« – Als Sebus das später erzählte, lachte sich Hans Jungkenn schier kaputt, worauf Bauer Wib Mühr meinte: »Bes fruh, dat se för dich nit jesat han, do wärs et Schneewittche us Immekeppel!«

Zur Weltausstellung in Brisbane/Australien 1988 reiste das Reiterkorps Jan von Werth. Beim »Deutschen Tag« sollte Ludwig Sebus, der auch hier mit von der

Partie war, gemeinsam mit dem Reiterkorps aufziehen und deutsche Volks- und Wanderlieder vortragen.

Die Proben mit dem Musikkorps der australischen Luftwaffe klappten auch ganz ordentlich. Doch an dem großen Festtag spielten die Musiker, anders als verabredet, nur noch zum Einzug des Reiterkorps. Dann packten sie ihre Instrumente zusammen – ihr Stundensoll war erfüllt –, und weg war das ganze Orchester. Ludwig Sebus stand, mit dem Jan von Werth im Rücken, plötzlich mutterseelenallein vor 66 000 erwartungsvollen Zuhörern im Riesenstadion von Brisbane. Sein Retter in der Not war Professor Gerhard Herkenrath, Pfarrer an St. Alban und Feldkaplan des Reiterkorps. Er schnappte sich eine Gitarre und begleitete Sebus ohne jede Probe vor dem begeisterten Publikum zu sämtlichen Liedern.

Bei der Weltausstellung, die 1993 in Seoul stattfand, war der Kölner Karneval durch die Ehrengarde vertreten. Unter den Mitreisenden waren auch Krätzchenssänger Sebus sowie »Trötemann« Karl-Heinz Jansen.

Die große Delegation war in einem wunderschönen Hotel untergebracht, das unter anderem zwei große Swimmingpools besaß. Sebus und Jansen stürzten sich gemeinsam in die Fluten. Als die zwei fertig waren und ihre Kleider wieder abholen wollten, sagte eine Hotelangestellte zu Sebus: »Are you Heino?« Der Trötemann war völlig platt: »Dunnerletsch – die meint, do wärs dr Heino!« Doch das war ein kleines Mißverständnis: Das

Mädchen hatte gar nicht englisch gesprochen, wie die zweite Hotelangestellte in gebrochenem Deutsch aufklärte: »Nix Heino. Das in Koreanisch: Welche Zimmernummer hast Du?«

Reisen ist ja sowieso immer ein besonderes Thema, denn einige von den Hanaken laufen mit ihren Jeckereien dabei regelmäßig zu Höchstleistungen auf. Als wir mal mit der Prinzen-Garde die Donau runter nach Wien gefahren sind, bin ich auf dem Schiff beispielsweise mindestens fünfmal »verlobt« oder »verheiratet« worden.

Aber es ging schon bei der Anreise los. Auf der Fahrt mit dem Zug nach Passau hatte sich das Korps überlegt: Der Becker hat sich bestimmt nicht seine Abteilnummer in dem Schlafwagen gemerkt. Und als ich dann nachts mal heraus mußte zur Toilette, standen fünf Prinzen-Gardisten vor meiner Tür und begrüßten mich: »Na, Chef, alles klar?« Ich nickte freundlich, ging an ihnen vorbei und kam einige Zeit später wieder zurück. Die Kääls standen immer noch da und wünschten fröhlich: »Schlaf jut!« Ich antwortete arglos: »Gute Nacht«, ging in das Abteil und legte mich wieder in »mein« Bett.

Leider war es aber überhaupt nicht meines, sondern das einer wildfremden Frau, die einen Riesenradau veranstaltete und mich aus dem Abteil beinahe wieder hinausprügelte! Da waren doch meine Freunde, während ich auf der Toilette war, auf dem Flur unauffällig einfach ein Abteil weitergerückt und hatten mich so zu dieser Frau gelotst.

Direkt nach der »Wende« 1989 sind die Prinzen-Gardisten nach Dessau gereist, wo wir in einem dieser schrecklichen »volkseigenen« Hotels abstiegen: vierzig Zimmer pro Etage, in jedem Zimmer nur ein winziges Waschbecken und ein Handtuch so groß wie ein Taschentuch; mehr war da nicht. In der ersten Nacht haben wir eine Menge rumgealbert, und es wurde spät, bis ich gegen vier Uhr endlich in meine Kiste kam.

Kaum bin ich eingeschlafen, do klopp et op eimol, und eine Frauenstimme ruft laut und in schönstem Sächsisch: »Aufmachen!«. Ich denk: »Wat is?« Un maache op. Vor der Tür steht eine Frau mit enem Handtuch, ne Badehaube auf, Zäng en de Häng, und verkündet: »Ich will hier brausen.« Ich sage: »Bitte, wie – brausen?!« Des Rätsels Lösung war ganz einfach: In diesen Hotels gibt es einen Damen- und einen Herrenduschraum mit jeweils zwanzig Brausen, und das Korps hatte heimlich das Schild von der Damendusche bei mir ans Zimmer gehängt.

Die Frau wollte also brausen. Das Korps lag natürlich komplett auf der Lauer und wartete gespannt: Wat macht der jetzt? Das muß man gelassen hinnehmen; ich schickte die Frau zum richtigen Duschraum und legte mich wieder hin. Doch das half nichts: Es wurde fürchterlich, weil sämtliche Frauen bei mir anklopfen kamen und duschen wollten. Da bin ich schließlich aus meinem Zimmer raus und habe den Rest der Nacht bei Prinzenführer Helmut Urbach geschlafen: Ich ben doch nit esu jeck un hange dat Scheld öm!

»Andere Leute wollen auch mal brausen!«

Bei einer Manöverfahrt der Ehrengarde an den Niederrhein bestaunten die Gardisten aus Köln die mittelalterliche Kanone der Prinzengarde Viersen; man hatte eigens zwei Wachleute eingeteilt, um das kostbare Ding zu sichern. Das reichte aber nicht aus: Während einige Ehren-Gardisten die Wachmannschaft ablenkten, schleppten die anderen das saumäßig schwere Ding auf Seite und wuchteten es heimlich in ihren Bus. Erst da rochen die Viersener Karnevalisten Lunte – zu spät: Ehren-Garde-Kommandant Rainer Benner setzte als Lösegeld ein ausreichend großes Faß Kölsch fest, das bei einem Gegenbesuch der Viersener in Köln abzuliefern war.

Für seine Korpsfahrt wählt unser Reserverkorps jedes Jahr ein anderes Ziel. Einmal ging es nach Baden-Baden.

Zur Vorbereitung wurde, damit später nichts schiefgehen konnte, eine Vortour gemacht. Daran nahm auch ein Vorstandsmitglied teil, von Beruf Privatier, der wirklich jet an de Föß hät und sich im übrigen in sämtlichen Spielkasinos der Republik sehr gut auskennt. Er ist ein erstklassiger Spieler, und bei der Vortour erlebten die anderen, wie er mal eben so 20 000 Mark Gewinn machte.

Doch dann kam die Korpsfahrt selbst. Nach einem tollen Abendessen im Schloß Neuweiher im Rebland hinter Baden-Baden traf man sich im Spielkasino.

Unser schon erwähnter Freund spielte ausschließlich Black Jack. Doch obwohl er das Spiel perfekt beherrscht, war er an diesem Abend ohne Fortune.

Wir anderen hatten uns schon bald an die Bar zurückgezogen, wo uns einige sehr nette Damen Gesellschaft leisteten – in allen Ehren natürlich. Die Chefin der Bar hatte uns bereits einen Cognac ausgegeben, nachdem sie gehört hatte, wir seien von der Prinzen-Garde Köln; wir waren also alle ausgesprochen guter Dinge. Nur unser Glücksritter war begreiflicherweise von dem Abend nicht ganz so begeistert.

Irgendwann zu später Stunde erschienen die Ehemänner der Damen, die mit uns feierten. Einer von ihnen wurde uns mit den Worten vorgestellt: »Mein Mann ist ein ganz hervorragender Black-Jack-Spieler. Der hat heute abend schon 2 000 Mark gewonnen.« Das ließ unseren Freund aufhorchen: »Hörense mal: Wenn Sie wirklich so gut sind, dann ich gebe Ihnen hier 500 Mark, und damit gehen Sie für mich jetzt mal spielen.« Ohne mit der Wimper zu zucken, nahm der Mann an; wir aber zogen unseren Korpsfreund sofort zur Seite und sagten: »Hör ens, beste eijentlich jeck? Dä kütt jlich widder un behauptet, et wör leider alles verlore, un en Wirklichkeit hät hä die Nüssele en die eije Täsch jestoche. Dat Jeld es wirklich leich verdeent!«
Unser Freund bewies jedoch, daß er wirklich was vom Spielen versteht: »Nä, nä, der Mann will mir jetzt beweisen, wie gut er ist. Paßt mal alle auf!« Und tatsächlich: Kaum eine Viertelstunde später kam der

Mann zurück und blätterte unserem Freund den Gewinn hin: 1800 Mark. Die han mer natürlich jlich op der Kopp jehaue, und die drei Ehepaare aus Baden-Baden waren selbstverständlich auf unserer nächsten Sitzung in Köln zu Gast.

An besagtem Abend in Baden-Baden ereignete sich noch eine andere bemerkenswerte Episode. In der Bar spielte eine Band, die jedoch häufiger Pause machte. Dann wurden Platten aufgelegt, und zwar vor allem Oldies, weil in so einem Spielkasino ja eher die mittleren und älteren Semester vertreten sind.

Wir hatten zwei sehr nette Mädchen ins Gespräch verwickelt und auch mit ihnen getanzt. Herbert Schmitz, Fischgroßhändler von Beruf, dem Aussehen nach jedoch eher ein Bankdirektor, war auch dabei. Im Laufe des Abends war er immer sentimentaler geworden. Als nun in den Pausen ganz tief in die Oldie-Kiste gegriffen wurde und Lieder von Rudi Schuricke und Gerhard Wendland – »Das machen nur die Beine der Dolores« oder die »Capri-Fischer« – gespielt wurden, da sagte Herbert mit ganz verklärtem Gesicht: »Jung, wat woren dat noch Zigge, wie mer op die Musik jedanz han em ›Romantica‹!« Worauf das eine Mädchen in aller Unschuld sagte: »Entschuldigen Sie mal bitte, wir kennen die Lieder gar nicht. Waren die noch von vor dem Krieg?« Da war der Schmitz am Boden zerstört – er hat sofort ausgetrunken und ist nach Hause gegangen.

»Och, wat wor dat fröher schön …«

Unsere Reservekorps-Touren per Bus beginnen meist um halb acht. Weil die meisten dann noch nicht gefrühstückt haben, besonders wenn sie von auswärts anreisen müssen, ist es üblich, daß die Organisatoren unterwegs für die Bewirtung sorgen. So bringt dann beispielsweise Fischgroßhändler Herbert Schmitz eine Kühlbox mit, voll mit Heringshäppchen oder Lachsschnittchen, und andere steuern die Getränke bei.
Bei der Korpstour 1994 war die Beteiligung außerordentlich groß, worüber sich Reservekorpsführer Herbert Wienand so freute, daß er vorab versprach: »Ich gebe auf der Autobahn ein Sektfrühstück.« Dabei wollte ihm die Firma Diesner aus Wesseling, die uns mit ihrem Partyservice schon öfter bestens bewirtet hatte, tatkräftig zur Seite stehen: »Herr Wienand, Sie geben den Sekt aus, und wir stiften für das Frühstück ein paar kalte Platten mit leckeren Häppchen.«

Auf der Vortour hatte man für dieses Ereignis einen wunderschönen Platz gefunden: Das Rasthaus an der Moseltalbrücke in Willingen mit herrlichem Blick über Fluß und Landschaft. Leider aber war die Ortsbeschreibung, die unser Schriftführer Lothar Schön Frau Diesner gegeben hatte, nicht ganz korrekt: »An dem Parkplatz auf der Autobahn vor dem Rasthaus Moselblick.« Das war volle acht Kilometer vor unserem eigentlichen Picknickplatz.

Bei strahlendem Wetter kam das Reservekorps an dem Rasthaus an. Schön war, daß die Plätze an den rustikalen Tischen alle noch frei waren, weniger schön, daß von der Firma Diesner keiner da war. Natürlich gab es gleich ein paar despektierliche Bemerkungen: »Do kammer ens widder sin ...!« Einige marschierten sogar in das Rasthaus rein und kauften sich demonstrativ ein Würstchen oder ein Eis. Wat jetz?

Gott sei Dank verfügte der Busfahrer über ein Telefon, und bald bekamen wir auch heraus, welche Nummer das Autotelefon der Firma Diesner hat – ävver et jing keiner dran! So stiegen wir alle wieder in den Bus ein, denn auf der anderen Seite von der Brücke sollte auch ein Rastplatz sein; vielleicht war das Büfett dort? Zwanzig Kilometer sind wir gefahren; aber natürlich fanden wir auch dort niemanden.

Doch dann endlich bekam Herbert Wienand jemanden ans Telefon und konnte schließlich folgendes bekanntgeben: Die Diesners hatten ein wunderbares Büfett auf lauter Silberplatten aufgebaut, herrlich dekoriert mit Blumen, sogar Kellner mit weißen Anzügen waren aufgeboten und warteten auf uns. Und wo? »Da brauchen Sie nur auf die Autobahn, dann fahren Sie 45 Kilometer zurück, drehen, und nach fünfzehn Kilometern in der Gegenrichtung sind Sie dann bei uns auf dem Rastplatz«, hieß es lapidar. Ein Wunder, daß in dem Bus keine Meuterei ausgebrochen ist!

Mit gut einstündiger Verspätung kam das Reservekorps schließlich an. Der Appetit war natürlich gewaltig, und es wurde in bester Stimmung alles bis zum letzten Krümelchen verputzt.

Op Malote

Eines Tages starb einer der besten Freunde von Fritz Figge, Peter Kutz, der gegenüber dem Gürzenich ein Textilhaus hatte und stadtbekannt war. Figge holte mich zur Beerdigung ab, und wir fuhren gemeinsam zum Friedhof in Mülheim. Es war kalt und regnerisch, so daß ich ihn aufforderte: »Kumm, Fritz, loß mer en die Kapell jon.« Er wehrte aber ab und sagte: »Ich kann die Luft dadrin nicht vertragen.«

Statt dessen lief er immer wieder draußen an den Kränzen vorbei, die von Max Schmeling und anderen bedeutenden Leuten geschickt worden waren. Bei einem Kranz mit wunderbaren rosa Rosen, der keinerlei Schleife trug, blieb er stehen, griff in die Tasche, holte eine Kranzschleife der Altstädter heraus und klemmte sie an den Kranz.

»Beste jeck?« fuhr ich ihn an. Er antwortete: »Wat heiß dat? Mer han nur drückzehn Mark fuffzich für die Kranzschleif, mieh Jeld hammer nit, un dä Kranz weed jo suwiesu nit geehrt. Jetz es die Schleif vun de Altstädter dran, do sollste ens sin, wat do kütt.« Da riefen die Kranzträger auch schon von hinten: »Chef, wo es dä Kranz?« – »Do.« So wurde er dann als stolze Ehrbekundung der Altstädter vor dem Sarg hergetragen.

Ein anderer Freund Figges hatte zu Lebzeiten immer gern ein Schnäpschen getrunken. Als er starb und beerdigt werden sollte, holte Fritz Figge, am Grab stehend, eine Flasche mit dessen Lieblingsschnaps aus seiner Jacke und nahm einen ordentlichen Schluck. Einen zweiten goß er direkt auf den Sarg. Sagte ein Korpskamerad von den Altstädtern zu ihm: »Fritz, meins do, dä dät dat noch drinke?« Da antwortete Fritz Figge: »Meins do, dä dät ding Blome noch en en Vas stelle?«

Als der kölsche Sänger Horst Muys starb, wurde Ehrenpräsident Thomas Liessem beauftragt, die Beerdigung durchzuführen. Zehntausende von Menschen standen da im Nieselregen auf Melaten, so daß die Trauerfeier per Lautsprecher aus der Friedhofshalle nach draußen übertragen wurde. Das Publikum war recht gemischt, auch Zuhälter und Damen vom horizontalen Gewerbe waren da, denn der gute Muys hatte sich nicht immer in allerfeinster Gesellschaft aufgehalten. Immer wieder hatte zu seinen Lebzeiten auch der Gerichtsvollzieher bei ihm vor der Tür gestanden, und oft mußte ich diesem die Abendgage vor dem Auftritt von Horst Muys übergeben. (Muys bekam aber trotzdem immer noch 'nen Hunderter nachher in die Hand jedäut, un die dät hä tireck an der Bar versuffe.)

Ausdrücklich war für die Beerdigung mit Festkomitee-Präsident Ferdi Leisten vereinbart worden, daß Thomas Liessem keine Rede halten, sondern lediglich gemeinsam mit Jean Küster als Repräsentant des Festkomitees hinter dem Sarg hergehen sollte. Das ließ Jean Küster aber keine Ruhe: »Thomas, Du kannst doch nit bei all dä Minsche dä Muys esu unger de Äd brenge!« Da ließ der Thomas sich überreden. Er hielt eine exzellente Grabrede, so daß schließlich alle Trauergäste dicke Tränen in den Augen hatten. Worauf Liessem Jean Küster zuraunte: »Sin se all am Kriesche? Jo, dann wor de Red jot.«

Die Rede hatte abends bei der Vorstandssitzung des Festkomitees in der Antwerpener Straße übrigens noch ein schweres Nachspiel. Ferdi Leisten kochte vor Wut; es war ihm zugetragen worden, daß Ehrenpräsident Liessem eben doch gesprochen hatte. Als er reinkam, schnellte Leisten hinter dem Tisch hoch: »Du Nuttenprediger!« – Ungerührt antwortete Liessem: »Und Du kannst mich am A ...!« Damit war das Thema Muys und Beerdigung beendet.

Mit kölschem Humor gesegnet, hatte der unerreicht schlagfertige Thomas Liessem die große Gabe, in jeder noch so unvorhergesehenen Situation die richtigen Worte zu finden.

Eines Tages starb ein Vorstandsmitglied der Prinzen-Garde, ein Anlaß, für den es laut Satzung genaue Vorschrift gibt: Wenn ein Vorstandsmitglied stirbt, stehen ihm sechzehn Mann Musik zu, eine Fahne, Kränze und noch so einiges andere.

Auf Melaten angekommen, wollte Liessem schnell noch einmal überprüfen, ob alles ordnungsgemäß vorbereitet war: »Frohne, wo ist die Fahne?« Frohnes Fuss (so nannten wir Rolf Frohne) war für solche Dinge zuständig. »Dovun hät mir der Bachirt nix jesaht!« (Joseph Bachirt vom Autohaus Bachirt war seinerzeit Schriftführer bei uns.) »Do Rindvieh!« Die zweite Frage ging an Bachirt: »Wo es die Musik?« – »Ja, hät mich keiner dran erinnert, ich han dat verjesse.« Liessem war außer sich: »Wat? Du A...« Das ging hin und her, ein ziemliches Gefecht, und ich dachte nur: »Öm Joddes Welle, wat jitt dat dann für en Beerdigung?«

Doch Thomas Liessem hatte die Sache voll im Griff. Als wir mit dem Trauerzug an das Grab kamen, schien die Sonne; es war eine Nachmittagsbeerdigung um halb vier, wie das damals noch so üblich war. Liessem schaute in die Menge, blickte ins Grab, und dann sprach er: »Mein lieber Herbert! Der letzte Sonnenstrahl fällt in diese Gruft; wir nehmen nun Abschied von dir. Du warst immer ein einfacher, bescheidener

Mensch. Du wolltest keine Musik, du wolltest keine Fahne ...«

Wer zu Lebzeiten jet an de Föößß, also Geld, hatte, bekam meist eine repräsentative Grabstelle nahe dem Haupteingang oder entlang dem Hauptweg von Melaten. Die weniger Begüterten kamen dann eher in die Gräber zur Ehrenfelder Seite hin.

Früher lief bei solchen schlichten Beerdigungen immer so ein Verrückter rum und fragte: »Hat ehr kein Kaat?« Er erkundigte sich also, ob die Anwesenden keine Einladungskarte zum Leichenschmaus hatten, (natürlich hatte niemand eine). Als alle den Kopf schüttelten, rief der Mann: »Ja dann – mir nach.« Weil ich das schon mehrfach miterlebt hatte, bin ich aus purer Neugier einmal mitgegangen. Der Mann ging voraus, und wir marschierten hinter ihm her schnurstracks zum »Malote-Stüffche«. Do dät dä Käl singe Rock us, sprung hinger de Thek und fing an, Bier ze zappe – es war der Wirt! Er hatte sich so seine eigene Kundschaft besorgt.

Nachdem ich 1968 Kölner Jungfrau geworden war, wurde ich in der Folgezeit zu allen möglichen Gelegenheiten eingeladen, auch zu Beerdigungen. Bei der Firma Ski-Mieder in der Zeppelinstraße – von ihr existieren heute noch Schilder, aber die Firma besteht nicht mehr – arbeiteten die Herren Seelig und Krämer in leitender Position. Der Vater von Herrn Krämer war im Alter von achtzig Jahren gestorben, und da ich eine Todesanzeige bekam, ging ich natürlich zur Beerdigung auf Melaten. Dort sah ich auch viele bekannte Gesichter, nur den Krämer junior entdeckte ich nicht.

Ich lief schon geraume Zeit hinter dem Sarg her, als eine junge Dame auf mich zukam und mir einen Zettel in die Hand drückte, auf dem man mich zur Nachfeier ins Landhaus »Kuckuck« einlud. So ging ich nach der Beerdigung dorthin und legte mir – als geübter Imbißjäger – gleich ein schönes Filetsteak mit Sauce Béarnaise auf den Teller. Da kam eine andere Dame auf mich zu und fragte: »Sie sind sicher der Bräutigam der Verstorbenen?« – »Entschuldigen Se bitte ... Bräutigam???« Wor ich doch wirklich op der falsche Beerdigung!

Damit aber nicht genug. Ich fuhr wieder zurück zum Melaten-Friedhof und begegnete dort Heinz Loosen, der damals deutscher Ruder-Obmann war. Wir kamen ins Gespräch, und ich erzählte ihm: »Ich bin auf der falsche Beerdigung gewesen!« Sät dä: »Ich och!« – »Ich wollte zum Krämer gehen.« – »Ja, dat kann ich dir erklären: Der ist gerade hier unter die Erde gegangen worden.« Loosen war versehentlich bei Krämer mitgegangen, hätte aber zur Beerdigung des Architekten Teddy Körfer gemußt!

Der Bauer des Dreigestirns von 1966, Robert Haag, starb 1974. Nun war er aus der Kirche ausgetreten – wie sollte jetzt die Trauerfeier verlaufen? Wir verabredeten, daß aus den Reihen der Prinzen-Garde zwei Ansprachen gehalten werden sollten. Als ich gerade mittendrin war, ging plötzlich die Bimmel, und vor uns stand einer in voller Farbenpracht: weiße Schuhe, weißer Rock, irgendwas in Lila drüber, in Rosa, Gelb und Grün, och esu ene Hot an, wie ihn Kapläne haben mit enem grüne Knubbel do bovven drop. Dä dät dat Dingen av, dät sich verneige, dät sich säne, sich hinsetze. Ich denk: »Wä es dat dann?«

Wie ich nu fädig wor, steiht die bunte Jestalt op, geht an das Mikrofon in der Trauerhalle und sagt folgendes: »Robert Haag ist tot, ich brauche ja nichts mehr zu sagen, mein Vorredner hat schon alles gesagt. Exequien halten wir nachträglich, Freitagnachmittag um halb drei, am Sudermannplatz soundsoviel auf der zweiten Etage.« Ich ben bahl zosammejebroche.

Schließlich frage ich eine Frau neben mir: »Wä es dat dann?« – »Jo«, sät die, »mer han he einer für zweihundert Mark om Friedhof jemietet – altkatholisch.«

An Aschermittwoch 1991 wäre der ehemalige Präsident der Großen Kölner, Albrecht Bodde, hundert Jahre alt geworden. Seine Gesellschaft wollte ihn aus diesem Anlaß ehren und versammelte sich mit Abordnungen weiterer Karnevalsgesellschaften auf Melaten.

Es war unverschämt kalt, der Friedhof lag unter einer dicken Schneedecke. Die Karnevalisten machten sich mit Plaggen, Blumengesteck und Kranz auf den Weg. Doch offenbar hatte sich niemand die Mühe gemacht herauszufinden, wo die Grabstelle von Bodde eigentlich lag. So zog man fast eine Stunde lang kreuz und quer über Melaten und befreite sämtliche »verdächtigen« Grabsteine vom Schnee, bis man den richtigen fand.

Da lächelte Präsident Simon verschmitzt und meinte: »Albrecht Bodde dät sich kapottlaache, dat mer he esu lang durch dr Schnei jetrocke sin.«

»Dä kann doch nit fott sin ...«

Jecke Lück wie do un ich

Als 1947 der Präsident der Altstädter, Servatius Jussenhoven, gestorben war, ging Festkomitee-Präsident Thomas Liessem auf Fritz Figge zu und sagte: »Hör mal, du bist Korps-Spieß, du bist die richtige Persönlichkeit: Du übernimmst jetzt die Altstädter mit den kurfürstlichen Farben Grün und Rot!« – So ging das damals, da wurde das Korps gar nicht groß nach seiner Zustimmung gefragt. Fritz Figge wurde also Altstädter-Präsident, doch auch danach hat er immer Kontakt zur Prinzen-Garde behalten und ließ sich ständig jecke Streiche für uns einfallen.

Als die Prinzen-Garde eine der früher üblichen Abendfahrten mit der Köln-Düsseldorfer auf dem Rhein unternahm, bekam das Schiff auf der Tour nach Bonn auf einmal eine bedenkliche Schräglage, denn alles stürmte plötzlich an die linke Reling. Was bekamen wir da zu sehen?

An uns vorbei fuhr ein Floß, und auf dem stand, mit wallendem Bart und pudelnackt, Fritz Figge als »Vater Rhein«. Stur fuhr er geradeaus und würdigte unser Schiff keines Blickes; er wußte ja: Da muß die Prinzen-Garde kommen.

In ähnlicher Weise hat er uns bei einer anderen Abendfahrt auf einem Rad mit Tragflügeln zum Lachen gebracht: Diesmal fuhr er mit stoischer Miene am Kai an der Prinzen-Garde vorbei.

Eines Tages fuhr Fritz Figge, ein Zweieinhalb-Zentner-Mann, mit seiner Isetta zur Brühler Straße 300 ins Heeresamt und bat mich um Flankenschutz, damit nur ja keiner auf ihn drauf führe; im Heeresamt – das war 1974 – sollte die Verabschiedung des Amtschefs, Generalleutnant Hubert Sonneck, vollzogen werden.

Wir kommen an, Fritz Figge klappt dat Dingen hoch und erkundigt sich bei dem Soldaten an der Wache: »Wo soll denn die Verabschiedung von Herrn Sonneck stattfinden?« Der Soldat meldet: »Da fahren Sie geradeaus, an der Litfaßsäule links, nach fünfzig Metern rechts, dann kommt eine Einmündung, und dann ...« – »Nä«, sagt der Figge, »dat es mir zo kumplizeet, dat kann ich nit behalde.« In dem Moment kommt ein Offizier vorbei und sagt: »Hören Sie mal, gehen Sie auch zur Verabschiedung von General Sonneck?« – »Ja, selbstverständlich, darf ich Sie mitnehmen?« Der Offizier steigt ein, Klappe zu, wir drei fahren los, und

»Ich hab' den Vater Rhein in seinem Bett gesehn ...«

der Mann zeigt Figge den Weg. Am Ziel angekommen, steht da das Bataillon, komplett angetreten zum Dankeschön. Auf einmal höre ich: »Prääääsentiert daaas Gewehr! Zur Meldung aan General Sonneck!« Bums, geht der Deckel von der Isetta hoch, und der Offizier nimmt stramm die Meldung entgegen – Figges Beifahrer war niemand anderes als General Sonneck selbst! Wir waren sprachlos.

Nach dem Großen Zapfenstreich saßen wir noch in der Kantine. Dort erzählte Fritz Figge in großer Runde: »Nun stellt euch mal vor, da komme ich mit minger Isetta anjefahre un nemme do ene Mann met, un wä wor dat? Dr Jeneral Sonneck!« Als der General seinen Namen hörte, flog er hoch, grüßte militärisch und sagte: »Herr Figge, fahren wir wieder?«

Einmal wurde bei der feierlichen Verabschiedung eines Fliegergenerals in Porz der Große Zapfenstreich geblasen. Sämtliche Soldaten waren angetreten, während Fritz Figge und ich das Spektakel von der Ehrentribüne aus, direkt hinter dem damaligen Bundeskanzler Willy Brandt stehend, beobachteten. Mitten in die Zeremonie hinein verkündete Fritz Figge ganz laut: »Als ich beim Kammiß war, fragt mich ein Jefreiter: ›Figge, wat machen Sie, wenn Sie im Jeschützfeuer liegen, und über Ihnen fliegt der Zeppelin hinweg?‹ Hab' ich jeantwortet: ›Helm ab zum Jebet!‹ – Un dat kütt jetz im Großen Zapfenstreich!«

Als wir nach der Feier zurückgingen, nahmen wir eine Abkürzung durch eine Wiese; unsere Schuhe wurden ganz weiß, denn auf das Gras war Kalk gestreut. Säht dä Figge: »Dat es jot för dr Foßpilz.«

Bei einer festlichen Abendveranstaltung nahm mich Fritz Figge mal vertraulich zur Seite und fragte: »Hast du schon jesehen, wat meine Frau für Schuhe anhat?« Hab ich jeantwortet: »Klar. Menschenskind, dat sind ja dolle Goldschuhe. Wo habt ihr die denn her?« Meint der Fritz Figge: »Die waren jestern noch silbern. Die hab ich bronziert.«

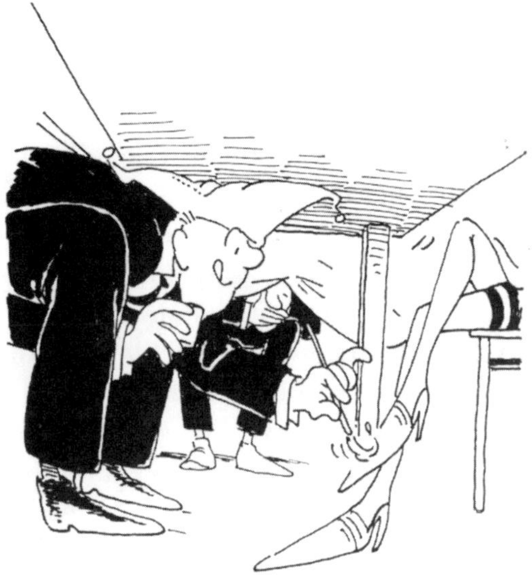

Horst Muys – was wir mit dem Kerl nicht alles erlebt haben! Er hat ja zum Teil vom Karneval gelebt, war auch im Eilemann-Trio und hat bei Millowitsch gespielt.

Es gab aber auch skurrile Situationen mit ihm. So lag Muys zum Beispiel einmal volltrunken auf der Hohe Straße unter einem VW-Käfer. Es kam sogar die Feuerwehr, um ihn darunter hervorzuholen. Doch sie blieb erfolglos: Muys klammerte sich so an dem Käfer fest, daß der Wagen einfach nicht weggefahren werden konnte – ein furchtbares Theater!

Am Hildeboldplatz hatte Muys Ende der sechziger Jahre eine kleine Pinte. Das war ein grausamer Laden: Bei den Sesseln kamen die Federn durch, Bier gab es auch selten, weil Muys die Brauerei-Lieferungen nicht bezahlen konnte, und häufig genug saß in dieser Bar auch kein Mensch drin. Eines Tages kamen wir zu zwanzig Mann in die Kneipe und riefen: »Horst, nu kumm, bedeen ens!« – »Ja, sofort«, antwortete er, klatschte in die Hände und rief: »Nackttänzerinnen, raustreten!« Aber da kam natürlich überhaupt nix, nicht ein einziges Häschen.

Über Jean Küster lernte ich auch Willi Müller-Opladen kennen, der später mit mir zur Prinzen-Garde wechselte. Dem Müller-Opladen gehörte das Josefshaus in Bad Münstereifel, in Leverkusen hatte er eine große Produktionsstätte für Löschgeräte mit über vierhundert Mitarbeitern, und außerdem war er begeisterter Hochwild- und Niederwildjäger.

Eines Tages wurden wir zu Jean Küster eingeladen, um einander vorgestellt zu werden. Willi Müller kam mit seiner Frau, man sprach über dies und das. Schließlich ließ Müller-Opladen auch etwas Geschäftliches einfließen und sagte zu Küster: »Ich muß zweihundert Bettbezüge haben, zweihundert Plümobezüge für das Josefshaus.« Er hielt Küster für einen Textilgroßhändler und bestellte dann auch gleich noch zehn Hemden und einiges andere. Umgehend wurde daraufhin Küsters Tochter Bebbi – die führte damals die Lyskircher-Tanzgruppe »Hellige Knäächte un Mägde« – mit unserer Unterhaltung beauftragt, während Küster mit den Worten entschwand: »Meine Herren, ich muß nohm Lager fahre. Dat dauert wat, bis ich zurück bin, aber ich beeile mich.«

Et wood ein Stund, anderthalv Stund, zwei Stund – er kam gar nicht zurück. Schließlich wurde dem Willi Müller die Zeit knapp; er erhob sich und sagte: »Ich bin jetz weg!« In dem Moment fuhr Jean Küster vor, den Wagen voll bis unter die Decke, oben drauf noch Kästen, Kisten und Kasten, in denen er das Gewünschte besorgt hatte. »Ich war in meinem Lager«, verkündete er, »und da war gerade abgeladen worden; es stand alles herum, dat wor ene jroße Zortier!« In Wirklichkeit war Jean Küster im Großhandel bei

Brügelmann & Söhne gewesen, um all das Zeug einzukaufen! Von wegen »Lager«: Küster hatte in der Thieboldsgasse einen kleinen Laden, und da konnte man solche Aufträge natürlich gar nicht bewältigen.

Als Thomas Liessem seinen siebzigsten Geburtstag feierte – er war »Jahrgang Nullnull«, wie er das selbst immer nannte –, da war ich gerade mal ein Jahr Präsident der Prinzen-Garde. Nun muß man wissen, daß ich die Gesellschaft mit Verlust übernommen hatte und erst mal die Gröschelchen streng zusammenhalten mußte. Im Vorstand haben wir darum hin und her überlegt: Wat maache mer met däm Thomas Liessem? Schließlich faßten wir folgenden Beschluß: Mer künne uns nit lumpe loße, kratzen alles zosamme un dun 5 000 Mark jevve för e Jebotsdagsjeschenk. 5 000 Mark: Dat wor ene Püngel Jeld 1970 – und ist es heute ja auch noch!

Wir bekamen das Geld auch wirklich zusammen, und so fuhr ich hochzufrieden in die Carl-Schurz-Straße zu Liessem. »Thomas, wat wünschste Dir denn zum Geburtstag? Ich han 5 000 Mark zur Verfügung.« – »Wat? 5 000 Mark? Do häs se nit mieh all om Chreßbaum! Jangk ens nohm Remagen, da hab ich schon wat ausjesucht.«

Ich ging also zu Remagen, die damals neben Lampen unter anderem auch Möbel führten. Dort entdeckte ich einen antiken Gläserschrank, ein wundervolles französisches Stück, und in dem Schrank befand sich ein kleines Schild: »Gestiftet von der Prinzen-Garde Köln anläßlich des 70. Geburtstags von Thomas Liessem.« Und dat Schönste: Dat Dingen kostete satte 12 000 Mark!

Thomas Liessem war 34 Jahre Präsident der Prinzen-Garde, ich bin es auch schon 26 Jahre – in sechzig Jahren nur zwei Päsidenten: das dürfte auch recht einmalig sein im Kölner Karneval. Als ich 25 Jahre Präsident war, wurde das Jubiläum groß im Gürzenich gefeiert, und einige Mitglieder aus dem Corps spielten Stationen aus diesen 25 Jahren in einem kleinen Bühnenstück nach. Den Hans Becker verkörperte Herbert Wienand, und Thomas Liessem wurde von dem Sohn unseres alten Freundes Müller-Europa dargestellt. Aber obwohl dieser Hans Müller-Europa eigenhändig an dem Stück mitgeschrieben hatte, konnte er manche Textpassage einfach nicht behalten.

Das Stück beginnt damit, daß Thomas Liessem am 10. November, am Vorabend von St. Martin, zu Hause sitzt, in Erinnerungen schwelgt und sagt: »Jetz weed et langsam Zick, dat ich mich zor Rauh setze un an minge Nachfoljer denke. Do han ich och allt einer em Aug.« Dann klingelt es, und er ruft: »Karla, mach die Dör op, dat es hä.« Es kommt Hans Becker hinzu, sie reden miteinander, und schließlich eröffnet Thomas Liessem dem Hans Becker, daß er neuer Präsident werden würde. Dabei sollte Müller-Europa alias Liessem sagen: »Dir zu

Ehren kommen jetzt die Pänz vum Vringsveedel mit dem St. Martin.« Aber im nächsten Akt gibt es eine ähnliche Stelle, wo es heißt: »Dir zu Ehren tanzen jetzt die Keßler-Zwillinge.« Prompt hat der Müller-Europa das durcheinandergeworfen und die Keßler-Zwillinge angekündigt.

Nun wußte Herbert Wienand alias Hans Becker ja, daß das an dieser Stelle gar nicht ging. Er sagte deshalb: »Nä, jetzt kommt der St. Martin.« – »So?« antwortete Müller-Europa, »nicht Keßler? Sondern St. Martin? Kaum han ich dich zo mingem Nachfoljer jemaht, do jiste och allt Widderwööt!«

»Wie lange«, erkundigte sich Thomas Liessem einmal beim Regimentsarzt der Prinzen-Garde, Dr. Franz-Josef Klein, »wie lange biste eijentlich verhierot?« – »Dreißig Jahre«, antwortete Klein. »Dreißig Jahre? Jung, do weed mer schwindelig, wenn mer dressig Johr immer en derselve Brunne lort!«

Beim Stammtisch der Großen Kölner wird – wie dort üblich – viel geflachst, und natürlich gibt es unter den Senatoren der Gesellschaft auch begabte Anekdotenerzähler. Einer von ihnen war Jupp Schneider, der dabei eine ganz besondere Marotte pflegte: Er brachte eigens fürs Anekdotenerzählen ein Monokel mit und setzte es bei passender Gelegenheit auf. Und wenn die Pointe saß, ließ er das Monokel zielgerecht in sein Kölschglas fallen.

Ein echtes Kölner Original war der 1991 gestorbene Ludwig Schallenberg aus dem Severinsviertel. Er war Friseur von Beruf, im Karneval Präsident der KG Kölsche Figaros, gleichzeitig Mitglied der Prinzen-Garde und der Großen Kölner und außerdem 25 Jahre lang Hoffriseur des Kölner Dreigestirns, ein Amt, das er übrigens selbst erfunden hat. Eines Tages nämlich sprang beim Stammtisch der Großen Kölner im Weinhaus Duhr Alex Schaaf plötzlich auf und rief: »Ich maache dr Prinz!« Worauf Ludwig Schallenberg konterte: »Jot, dann maachen ich dr Friseur!«

Beide hatten ihren Ausruf damals zunächst als Witz verstanden. Doch als Schaaf dann wirklich Prinz wurde, erinnerte er Schallenberg an die Episode – der »Hoffriseur« war geboren.

Nicht nur in der Großen Kölner ist Schallenberg unvergessen. Aber in dieser Gesellschaft war es, wo er sich einen bleibenden Ehrenplatz als langjähriger Baas der »Lingen-Brothers« und, durch einen einmaligen Auftritt, als der lustigste Nikolaus aller Zeiten erwarb. Schallenberg hatte sich für diese denkwürdige Nikolausfeier ein klitzekleines bißchen Mut angetrunken; das befeuerte den Grielächer zu unerreicht drolligen Leistungen im Bischofskostüm.

Aber auch noch während seines Auftritts brauchte er sich einige Aquavit, damit er die »Missetaten« seiner Mitsenatoren überhaupt verdauen konnte. Dabei ließ er sich die Schnäpschen jedoch nicht im Glas bringen; da wäre ihm sein Nikolausbart ja ständig im Wege gewesen. Statt dessen servierte man Ludwig Schallenberg die Schnäpschen jedesmal – in einer Krankenhaus-Schnabeltasse!

Ludwig Schallenberg konnte durchaus auch ernst sein. Wenn aber offizielle Feierlichkeiten einfach kein Ende nehmen wollten und die Freuden von Essen und Trinken in immer unabsehbarere Ferne rückten, kam ihm der Stoßseufzer von den Lippen, der in der Großen Kölner ein bis heute geflügeltes Wort ist: »Wenn et doch allt ***jet*** jäv!«

Das Corps à la Suite der Prinzen-Garde lädt zu seiner edlen Weihnachtsfeier mit Damen immer ins Hotel Excelsior ein. Einer unserer Freunde namens Friedrich (der Nachname wird nicht verraten) ist ein sehr lieber Kerl; aber was die angemessene Kleidung anbetrifft, ist er mitunter schon mal etwas unaufmerksam.

In einem Jahr saßen wir anderen bereits alle im Excelsior im Blauen Salon, es war sehr festlich, wir Männer alle im dunklen Anzug, die Frauen ebenfalls ganz feingemacht, wunderbar. Ich hatte meine Begrüßungsansprache gerade begonnen, da flogen alle Augen auf die Tür: Herein kam ein Nachzügler, unser Freund Friedrich – in großer Uniform, mit Degen und Dreispitz.

Natürlich hat man als Kölner nicht nur im Karneval Freunde. So pflege ich zum Beispiel auch einen Freundeskreis aus dem Hockey- und Tennisclub Rot-Weiß. Doch auch dort ergeben sich immer wieder Verbindungen zum Kölner Fasteleer ...

Einer meiner Freunde von Rot-Weiß ist Lutz Janders, der eine ganz eigene Art hat, Fastelovend zu feiern. In einem Jahr ließ er sich auf den bloßen Körper überall grüne Wollfäden kleben und stürzte sich dann wie ein (grüner) Pavian in den Karneval.

In diesem »Kostüm« erschien er sogar auf einer exklusiven Karnevalsfeier bei Freunden im Hahnwald. Deren Haus war mit einem großen Atrium ausgestattet, und in der ersten Etage hatten die Gastgeber einige Schaufensterpuppen von C&A aufgestellt. Lutz Janders gelang es, dem Hausherrn eine davon abzukaufen – mein Freund hatte nämlich eine spontane Idee:

In die Rückseite seiner Puppe ließ er zwei Türen einbauen, je eine ins Ober- und eine ins Unterteil. In die damit erreichbaren Hohlräume pflegte er fortan kleine Vorräte an Bier (unten) und Schnäpsen (oben) zu packen. Einmal drückte er der Schaufensterpuppe eine Zigarette in die Hand, zog ihr Strapse an und stellte sie auf Rollschuhe. Und so zog er dann mit ihr an Tausenden staunender Menschen vorbei über den Ring ...

Die Lutz-Janders-Puppe leistete uns auch großartige Dienste, als wir einmal nach Müngersdorf zum

»Ballaballa-Ball« von Rot-Weiß zogen. Dort waren Schnäpse eigentlich verpönt. Wir aber betraten mit der raffinierten Schaufensterpuppe unbehelligt das Klubheim. Mitten auf der Tanzfläche ließen wir uns nieder und haben dort – Lutz Janders aus dem Oberteil, ich aus dem Unterteil – unsere Freunde mit flüssigen Muntermachern versorgt.

Lutz Janders – er betrieb ein Karosseriewerk in der Jakobstraße – hatte einen sehr großen Bekanntenkreis. Seine Freunde schätzten ihn, aber auch seine Edith, eine kluge, sehr liebevolle Frau. Als die beiden im selben Jahr fünfzig Jahre alt wurden, haben sie ihren »hundertsten« Geburtstag gemeinsam mit vielen Freunden auf einem Schiff im Rheinauhafen gefeiert. Zwischendurch gab es einige Aufregung, als durch die Grillerei ein kleines Feuerchen ausbrach, doch das wurde Gott sei Dank schnell wieder gelöscht.

Man feierte ausgelassen auf dem Schiff, und schließlich kam der Höhepunkt: die Ehrung der beiden Jubilare. Die Laudatio auf Edith Janders hielt Dr. Bodo Jost, ein langjähriger Freund aus der Ehrengarde. Wir haben uns gekringelt vor Lachen, so köstlich war seine Rede. Der Knalleffekt kam zum Schluß. Bodo Jost rief in die Runde: »Unsere Edith ist nicht nur eine prachtvolle Frau, sondern wirklich auch eine kluge Hausfrau. Sie hatte sich immer schon eine versenkbare Singer-Nähmaschine gewünscht, jetzt soll sie sie bekommen."

»Keine Angst – eine 1a versenkbare Singer!«

Sprach's, holte hinter seinem Rücken eine Nähmaschine hervor und warf sie in hohem Bogen über Bord! Sprachloses Entsetzen allenthalben, als das kostbare Ding im Hafenbecken verschwand – eben wortwörtlich eine »versenkbare Nähmaschine«.

Doch es war wohl nur ein altes, defektes Modell gewesen. Gleich darauf hielt Dr. Jost jedenfalls eine zweite Maschine in den Händen und überreichte sie der strahlenden Edith Janders.

Ein anderer Freund aus dem Kreis von Rot-Weiß war Günther Gierlich – er ist leider schon tot –, eine imposante Persönlichkeit, die sehr auf Frauen wirkte. Wer ihn sah, dachte gleich: »Dat es ene bessere Här!« Günter war aber auch immer zu einem Ulk aufgelegt und nahm Leute auf den Arm, wo er nur konnte.

Zu seinen Nachbarn in einem Mietshaus in der Lindenstraße zählte sein Freund Günther Ulrich, ebenfalls Mitglied bei Rot-Weiß und Ehrengardist. Ulrich hatte sich entschlossen zu heiraten. Eines Tages informierte er darum seinen Freund Gierlich: »Hör ens, Jünther, hück ovend kanns do mich nit besöke kumme, da hab' ich nämlich meine zukünftigen Schwiegereltern das erste Mal zu Besuch.«

Die Schwiegereltern erschienen. Kaum waren sie jedoch in der Wohnung, da klingelte es. Günther Ulrich machte auf, und vor der Tür stand sein Freund Gierlich: »Du mußt mir unbedingt etwas Zucker für den

Kaffee leihen.« Ulrich war natürlich sauer: »Jung, ich hab' dir doch gesagt, daß ich dich jetzt gar nicht brauchen kann!« Günther Gierlich jedoch blieb eisern: »Mensch, kumm, dat jeit doch janz flöck.« Na gut, Ulrich gab nach und verschwand in der Küche, während Gierlich schnurstracks ins Wohnzimmer ging. Als der Herr des Hauses wenig später mit dem Zucker zurückkam, hatte Günther Gierlich die Schwiegermutter schon auf dem Schoß sitzen und war mit ihr per Du.

Von Berufs wegen baute Günter Gierlich riesige Pipelines von Rotterdam nach Deutschland und verdiente einen Haufen Geld damit. Zwischendurch kam er aber immer wieder auf völlig verrückte Ideen, denen er ohne großes Überlegen nachging.

So hatte er einmal in der Zeitung eine Anzeige gelesen, in der eine alleinstehende Dame dringend einen Chauffeur suchte. Gierlich besorgte sich umgehend eine Uniform, meldete sich an der angegebenen Adresse und wurde auch prompt engagiert.

In den folgenden Wochen kurvte er mit der Frau kreuz und quer durch die Lande, sogar bis Italien, nach Turin und Mailand. Schließlich aber hatte er die Nase voll, vom Cadillac wie von dessen Besitzerin. Die wollte ihn jedoch nicht aus dem Vertrag entlassen. Da rief er in seiner Not seinen Freund Lutz Janders an und sagte: »Sag, hör ens, do muß mir helfe. Loß dir jet enfalle un scheck e Telejramm!« Janders dachte kurz nach. Dann kabelte er zurück: »Lieber Günther! Dein Bananendampfer fährt durch das Eismeer – stop – Die krummen Bananen werden alle gerade – stop – Kehre umgehend heim!« Das Jecke ist: Gierlich wurde tatsächlich aus seinen Diensten entlassen. Und wir haben ihm später eine »Bananenbiegemaschine« geschenkt.

Ein anderes Mal bewarb sich Gierlich aus Jux als Kellner: Die Firma Teppich Schüller in Brühl hatte zu einer Jubiläumsfeier 150 wichtige Gäste und Kunden eingeladen und benötigte für das Ereignis Servicepersonal. Günther Gierlich stellte sich im Frack und mit schwarzer Fliege vor. Mit seiner tollen Erscheinung hat er wohl eine überzeugende Figur gemacht: Er wurde prompt als Oberkellner engagiert, obwohl er von dem Metier nichts verstand.

Als die Feier begann, ging Gierlich im Saal herum und fing an, mit den Gästen zu verhandeln: »Wetten, daß es mir gelingt, in zehn Minuten den ganzen Saal leerzukriegen?« Das glaubte natürlich kein Mensch; überall schlug man darum in die Wette ein.

Nachdem er seine Runde gemacht hatte, ging Gierlich zum Kapellmeister, drückte ihm fünf Mark in die Hand und sagte: »Sie spielen mir jetzt bitte eine Polonaise!« Dann schnappte er sich einen der Gäste, der griff sich den nächsten und der wieder einen anderen, und kurz darauf marschierte die komplette

Gesellschaft geschlossen hinter dem pfiffigen Gierlich aus dem Saal. Auf einfachste Weise hatte der Grielächer so drei Kisten Champagner gewonnen.

Ein anderes Mal hielt er sich in München auf, wo er, obwohl er kerngesund war, irgendeine Krankheit simulierte und sich ins Krankenhaus legte. Noch bevor er sein Krankenzimmer bezog, forderte er: »Besorgen Sie mir umgehend Zeichengerät – ich bin Künstler.«

Immer wenn in den folgenden Tagen ein Arzt zur Visite erschien, ließ er den gar nicht an sich heran, sondern sagte nur ärgerlich: »Sie stören mich jetzt, kommen Sie später noch mal wieder. Und gehen Sie bitte zur Seite, ich kann sonst nicht arbeiten.« Dabei drehte er den Zeichenblock so, daß man nicht hineinsehen konnte, hielt mal den Daumen, mal den Bleistift in die Luft, als müsse er irgendwo Maß nehmen, und kritzelte auf dem Block herum.

Am dritten Tag machte sich Gierlich schließlich aus dem Staub. Zurück ließ er den Zeichenblock. Darauf war zu sehen, was er die ganzen drei Tage gemalt hatte: seinen Daumen.

Ein anderer Freundeskreis von mir hat sich um den Tropenhof gebildet, einen Reitverein, dessen Mitbegründer und Präsident ich in den sechziger Jahren war. Wir hatten unser Gelände am Statthalterhofweg in

Junkersdorf. Uns gegenüber unterhielt eine gewisse Sophie Stegemann, geborene von Metternich, ebenfalls einen Reitstall. Immer hatte sie einen Topf mit Linsensuppe für unerwartete Gäste auf dem Feuer stehen, der allerdings vor allem mit Wasser statt mit Linsen aufgefüllt wurde. Natürlich habe ich ihr auch einmal einen Besuch abgestattet. »Kommen Se rein«, sät se, »nehmen Se Platz.« Es standen sechzehn verschiedene Stühle herum – so hab' ich mich für die Bank entschieden und hingesetzt. Prompt hatte ich ene Näl en der Fott. Als ich fluchend aufsprang, meinte die Stegemann nur ungerührt: »Da haben Sie den falschen Platz erwischt. Da sitzt sonst immer der Jerichtsvollzieher.«

Zu Pfingsten hatte der Tropenhof einmal ein großes Warmblutrennen organisiert. Wenige Tage zuvor erwischte es unseren Reitstall schrecklich: Sämtliche Pferde bekamen Schnupfen und mußten im Stall bleiben – Quarantäne.

Nun wollten wir als Ausrichter natürlich an dem Rennen teilnehmen. Deswegen haben wir uns aus anderen Ställen insgesamt zwölf Pferde besorgt und zur Rennbahn geschafft.

Eines der Tiere erregte allgemeines Aufsehen: ein riesiger, wunderschöner Apfelschimmel, ein Gedicht von einem Pferd. Kein Wunder, daß fast jeder bei dem Rennen auf diesen tollen Hengst setzte, der witzigerweise auf den Namen Natascha lief.

Das Rennen wurde gestartet. Natascha hielt sich, so dachten wir anfangs, für den Schlußspurt zunächst noch etwas zurück. Doch dann sah man, daß bei dem Gaul das prächtige Aussehen in keinem Verhältnis zur Leistung stand. Das gesamte Feld rannte ihm meilenweit davon, sie – oder besser er – kam mit Abstand als letzter ins Ziel. Doch der Zustand des Schimmels war noch weit schlimmer als gedacht. Wenig später hörte man nämlich die Durchsage: »Dr. Pade, bitte zu Start und Ziel.« Dieser Dr. Pade aber war niemand anderes als der Amtstierarzt von Köln, und jeder Eingeweihte wußte, daß die Durchsage bedeutete: Natascha mußte ohne Umwege zum Abdecker.

Der Tropenhof besaß ein Pferd mit Namen Gardestern, das die Angewohnheit hatte, vor jedem Ausritt erst einmal einen Eimer voll Bier auszusaufen. Es war ein imposantes Tier, das eben nicht nur Gardestern hieß, sondern auch Gardemaß besaß – ich erinnere mich gut, daß es ein Stockmaß von 1,82 Metern hatte.

Besonders beliebt war Gardestern bei einem Arzt, der im Tropenhof Mitglied war und auch ganz gern einen hob; vorzugsweise Cognac. Wenn beide, Pferd und Arzt, so richtig gut in Fahrt waren, dann jöckten sie durch den gesamten Stadtwald und ließen sich durch nichts aufhalten. Sie sprangen dabei auch über geparkte Autos hinweg und sogar über Sitzbänke, auf denen sich die Liebespaare herumdrückten.

»Wat maache mer met däm Päd ...?«

Eines Sonntags kam eine ganze Schar von Leuten aufgeregt in den Tropenhof gerannt. »Schnell, Hans, du mußt kommen«, riefen sie, »es ist was passiert!« Ich bin natürlich gleich auf die Straße gestürzt. Was war geschehen?

Eines unserer Fjordpferde hatte irgendwie den Weg durch die Stalltür gefunden, war über die Straße galoppiert und dann in einen Rohbau geraten, von dem in den einzelnen Geschossen praktisch nur die Stahlmatten vorhanden waren. Jetzt guckte dieses Pferd so ruhig aus dem dritten Stock heraus, wie es einst auch die Richmodispferde getan haben müssen. Der Anblick war zum Schieflachen. Aber wir hatten eine unwahrscheinliche Mühe, den vorwitzigen Kerl heil wieder aus dem Rohbau rauszukriegen.

Einen Teil unserer Pferde haben wir in Rußland gekauft, schöne, willige Tiere, die ihre Geburtstätowierung unter der Mähne trugen. Sie waren wirklich gute Freunde; schlechte Reiter aber warfen sie regelmäßig ab. Im übrigen hatten sie ein sehr gutes Orientierungsvermögen und fanden praktisch von überall her zum Stall zurück.

Eines Morgens gab es im Klub helle Aufregung, als eines der Pferd im schönsten Sonnenschein allein zurückkehrte – ohne Reiter. Das Tier hatte den Mann abgeschüttelt, war dann über die Autobahn (!) zurückgelaufen und stand nun sehr zufrieden und wie eine Fata Morgana da, als wollte es sagen: »Jott sei Dank, dat ich den Arsch losjeworden bin!«

Einmal haben wir auch in Holland Pferde für den Verein gekauft. Den Neuerwerb wollten wir auf einem Ausritt durch das Gelände in der Nähe des Tropenhofs ausprobieren. Unser Vorstandsmitglied Fritz Jäger, von Beruf Bezirksschornsteinfeger, war nicht gerade sattelfest; wir hatten durchaus Sorge, daß ihm mit dem für ihn ungewohnten Pferd etwas passieren könnte. Er blieb jedoch unversehrt; statt dessen erwischte es mich:

Nahe dem Müngersdorfer Stadion, am Belgischen Klub, geht es einen kleinen Berg hoch. Ich ritt als letzter von dreizehn Leuten und hatte mir gerade eine gute Zigarre angezündet, als ich beim Aufstieg einen Schlag ins Rückgrat bekam. Vier Meter flog ich durch die Luft und knallte dann kopfüber auf den Boden. Gott sei Dank trug ich einen Helm und fühlte mich halbwegs gut nach dem Motto: Da biste nochmal davongekommen. Was ich nicht ahnte: Ich hatte mir eine ganz ordentliche Gehirnerschütterung zugezogen und gleichzeitig sogar den dritten Halswirbel angerissen. Das stellte ich allerdings erst am übernächsten Tag fest, als ich endlich zum Arzt ging. Anschließend bin ich acht Monate mit dem »Hoffmannschen Kragen« herumgelaufen, einer sehr unkomfortablen Halsmanschette aus Gips.

Direkt nach dem Sturz setzte ich mich jedoch – wie gesagt, ich ahnte nichts von den Verletzungen – mit etwas wackeligen Knien wieder auf mein Pferd und ritt weiter. Ich fühlte mich zwar einigermaßen belämmert, aber am nächsten Tag nahm ich auch noch an der von uns organisierten Jagd teil. Bis heute kann ich mich sehr gut entsinnen, daß Willy Herold, der legendäre »Blumenprinz« von 1957, dabei einen schwarzen Hengst ritt, dessen Hinterhand er in Form eines Schachbrettmusters rasiert hatte. Und damit es auch wirklich wie ein Schachbrett aussah, hatte er dem Pferd mit der guten »Bruckmanns Mayonnaise« weiße Tüpfelchen auf das Fell gespritzt.

Wenn die Leute aus der Kirche austreten ... Ein besonderer Fall war Wienand Müller, der bei der Prinzen-Garde Generalpostmeister war und übrigens den Brunnen vor dem Rathaus an der Budengasse gestiftet hat.

Er wohnte auf der Ecke und hatte ganz oben im Haus einen riesigen Dachgarten. Gemeinsam mit Rudi Bruckmann gehörte ihm die halbe Hohe Straße. Sein Vermessungsbüro besteht heute noch an der Malzmühle, wo seine Mitarbeiter – er hatte keine Kinder – das Ganze übernommen haben.

Müller war Korpsstudent gewesen, dann aber aus der katholischen Kirche ausgetreten. Trotzdem waren bei seinen »Herrenabenden«, zu denen er oft sechzig, siebzig hochkarätige Besucher einlud, immer auch hochrangige Priester zu Gast. Wienand Müller besaß auch die Pläne von Dombaumeister Gerhard; die wurden gelegentlich mit weißen Handschuhen auf grünen Filztischen ausgebreitet, damit man sie ansehen und bestaunen konnte – eine tolle Sache.

Zu den häufigen Gästen der Herrenabende zählte auch ein Dominikanerpater, ein Professor, der aber wie ein Arbeitgeber aussah: Seine weiße Kutte hatte er für diese Abende abgelegt und trug statt dessen einen dunklen Blazer mit »Arbeitgeberhut«, graue Handschuhe und eine elegante Tasche. Nach der Veranstaltung bei Wienand Müller ging dieser Herr regelmäßig ans Eingemachte, in die Altstadt ...

Wienand Müller hatte eine starke Abneigung dagegen, wenn Lieder auf Englisch gesungen wurden. Da passierte es einmal, daß bei einem Fest Dunja Rajter auftrat. Als sie schließlich auch auf Englisch sang, tönte der Müller laut dazwischen: »Den Scheiß kann man sich ja nicht mehr anhören!« Fortan machte er laufend störende Bemerkungen, ging schließlich zu der Kapelle, unterbrach endlich die Rajter – die stand ganz hilflos da – und sagte: »Jetz singe mer all: ›Unse Nohbersch Pitter ...« Die Leute lagen an der Äd!

Bei einem Herrenabend war unter anderem auch unser Freund Fritz Figge dabei. Wir saßen lange zusammen, et wood morgens drei, vier Uhr, und es war einiges gepichelt worden. Schließlich brachen wir auf und fragten: »Fritz, solle mer dich met der Tax metnemme?« – »Nö, ich fahr leever met minger Isetta.«

Er fuhr von dannen, bis zum Brauweiler Weg, um dort an einem großen Sonnenblumenfeld zu parken und ein, zwei Stündchen seinen Rausch auszuschlafen. Am nächsten Morgen fanden ihn Spaziergänger; er rührte sich nicht, eine blasse Hand hing aus seinem Wagen heraus und war eiskalt – entsetzt riefen die Leute die Feuerwehr, weil sie dachten, der Mann sei tot. Als sie mit Blaulicht und Martinshorn lautstark anrückte, wurde Figge schließlich wach und meinte nur trocken: »Dat hab' ich noch nie erlebt, mit Blaulicht und Tatü-tata geweckt zu werden.«

Die Autoren

Hans Becker, geb. 15. Februar 1923 in Köln, war Geschäftsführer eines Kölner Unternehmens und ist Karnevalist aus Leidenschaft. Viele Jahre war er Mitglied der »Lyskircher Jungen«, zwölf Jahre lang in deren Vorstand und 1968 Jungfrau des Kölner Dreigestirns. Seit 1969 ist er Präsident der Prinzen-Garde.
In seiner langjährigen karnevalistischen Laufbahn hat Becker die bekanntesten und originellsten Typen getroffen. Sein Anekdotenschatz ist legendär und spiegelt mehr als drei Jahrzehnte Kölner Fasteleer von seiner witzigsten Seite!

Der Journalist **Stefan Volberg**, geb. am 25. Juli 1951 in Köln, studierte Chemie in Köln und Bonn. Seit 1981 ist er Redakteur bei der »Kölnischen Rundschau«. Zu seinen Hauptaufgabenfeldern gehören Berichte über kölsche Sprache, kölsches Brauchtum und insbesondere den Kölner Karneval. Die vielen Geschichten und Anekdoten von Hans Becker hat er zusammengetragen und aufgeschrieben.

Humorvolle Bücher in gleicher Ausstattung:

»Stüfchen, Eminenz«
Anekdoten rund um den Kölner Dom
gesammelt von Friedhelm Hofmann
96 Seiten mit Zeichnungen von Heribert Schulmeyer

Reinold Louis
Das kleine Buch vom Kölschen Klüngel
112 Seiten mit Zeichnungen von Alex Ignatius